出版説明

　　黨的二十大是在全黨全國各族人民邁上全面建設社會主義現代化國家新征程、向第二個百年奮鬥目標進軍的關鍵時刻召開的一次十分重要的大會，是一次高舉旗幟、凝聚力量、團結奮進的大會。大會通過了《高舉中國特色社會主義偉大旗幟　為全面建設社會主義現代化國家而團結奮鬥》的報告。報告系統回顧總結了過去五年的工作和新時代十年的偉大變革，闡述了開闢馬克思主義中國化時代化新境界、中國式現代化的中國特色和本質要求、以中國式現代化全面推進中華民族偉大復興等重大問題，擘劃了全面建成社會主義現代化強國的宏偉藍圖和實踐路徑，就未來五年黨和國家事業發展制定了大政方針、作出了全面部署，是中國共產黨團結帶領全國各族人民奪取新時代中國特色社會主義新勝利的政治宣言和行動綱領，是一篇馬克思主義的綱領性文獻。

　　本書邀請有關專家編寫，從十五個方面，對二十大報告提出的新理念新思想新戰略進行了深入解讀，並輔以大量圖示、圖表等，直觀、通俗、生動地介紹了二十大報告的內容，力求讓更多讀者理解把握黨的二十大精神，踔厲奮發、團結奮鬥，為全面建設社會主義現代化國家貢獻力量。

人民出版社

2022 年 11 月

目　錄

圖解二十大精神

本書編寫組 ｜ 編

書　　　名　**圖解二十大精神**

編　　　者　本書編寫組

出　　　版　三聯書店（香港）有限公司

　　　　　　香港北角英皇道 499 號北角工業大廈 20 樓

香港發行　香港聯合書刊物流有限公司

　　　　　　香港新界荃灣德士古道 220-248 號 16 樓

印　　　刷　美雅印刷製本有限公司

　　　　　　香港九龍觀塘榮業街 6 號 4 樓 A 室

版　　　次　2022 年 12 月香港第一版第一次印刷

規　　　格　16 開（170 mm × 240 mm）236 面

國際書號　ISBN 978-962-04-5124-9

© 2022 三聯書店（香港）有限公司

Published & Printed in Hong Kong, China.

二十大報告的文本結構

導語

一、過去五年的工作和新時代十年的偉大變革

二、開闢馬克思主義中國化時代化新境界

三、新時代新征程中國共產黨的使命任務

四、加快構建新發展格局,著力推動高質量發展

五、實施科教興國戰略,強化現代化建設
　　人才支撐

六、發展全過程人民民主,保障人民
　　當家作主

七、堅持全面依法治國,推進法治中國建設

八、推進文化自信自強,鑄就社會主義
　　文化新輝煌

九、增進民生福祉,提高人民生活品質

十、推動綠色發展,促進人與自然
　　和諧共生

十一、推進國家安全體系和能力現代化,
　　　堅決維護國家安全和社會穩定

十二、實現建軍一百年奮鬥目標,開創國防和
　　　軍隊現代化新局面

十三、堅持和完善"一國兩制",推進祖國統一

十四、促進世界和平與發展,推動構建人類命運共同體

十五、堅定不移全面從嚴治黨,深入推進新時代黨的建設新的偉大
　　　工程

結束語

二十大報告文本結構示意

二十大報告的內容要點

 3.2萬餘字，分15個部分

第一部分

過去五年的工作和新時代十年的偉大變革

- 極不尋常、極不平凡的五年
- 新時代十年的三件大事
- 新時代十年的十六個方面偉大變革
- 新時代十年偉大變革的里程碑意義
- 中國共產黨的"四個始終"

第二部分

開闢馬克思主義中國化時代化新境界

- 新時代中國特色社會主義思想的主要內容
- 堅持和發展馬克思主義的基本路徑："兩個結合"
- 新時代中國特色社會主義思想的世界觀和方法論："六個必須堅持"

第三部分

新時代新征程中國共產黨的使命任務

- 新時代黨的中心任務
- 中國式現代化的中國特色
- 中國式現代化的本質要求
- 全面建成社會主義現代化強國總的戰略安排："兩步走"
- 前進道路上必須牢牢把握的五條重大原則

第四部分

加快構建新發展格局，著力推動高質量發展

- 構建高水平社會主義市場經濟體制
- 建設現代化產業體系
- 全面推進鄉村振興
- 促進區域協調發展
- 推進高水平對外開放

第五部分 實施科教興國戰略，強化現代化建設人才支撐

- 辦好人民滿意的教育
- 完善科技創新體系
- 加快實施創新驅動發展戰略
- 深入實施人才強國戰略

第六部分 發展全過程人民民主，保障人民當家作主

- 加強人民當家作主制度保障
- 全面發展協商民主
- 積極發展基層民主
- 鞏固和發展最廣泛的愛國統一戰線

第七部分 堅持全面依法治國，推進法治中國建設

- 完善以憲法為核心的中國特色社會主義法律體系
- 扎實推進依法行政
- 嚴格公正司法
- 加快建設法治社會

第八部分 推進文化自信自強，鑄就社會主義文化新輝煌

- 建設具有強大凝聚力和引領力的社會主義意識形態
- 廣泛踐行社會主義核心價值觀
- 提高全社會文明程度
- 繁榮發展文化事業和文化產業
- 增強中華文明傳播力影響力

第九部分 增進民生福祉，提高人民生活品質

- 完善分配制度
- 實施就業優先戰略

- 健全社會保障體系
- 推進健康中國建設

第十部分

推動綠色發展，促進人與自然和諧共生

- 加快發展方式綠色轉型
- 深入推進環境污染防治
- 提升生態系統多樣性、穩定性、持續性
- 積極穩妥推進碳達峰碳中和

第十一部分

推進國家安全體系和能力現代化，堅決維護國家安全和社會穩定

- 健全國家安全體系
- 增強維護國家安全能力
- 提高公共安全治理水平
- 完善社會治理體系

第十二部分

實現建軍一百年奮鬥目標，開創國防和軍隊現代化新局面

- 全面加強人民軍隊黨的建設，確保槍桿子永遠聽黨指揮
- 全面加強練兵備戰，提高人民軍隊打贏能力
- 全面加強軍事治理，鞏固拓展國防和軍隊改革成果
- 鞏固提高一體化國家戰略體系和能力

第十三部分

堅持和完善"一國兩制"，推進祖國統一

- 全面準確、堅定不移貫徹"一國兩制"、"港人治港"、"澳人治澳"、高度自治的方針，堅持依法治港治澳
- 支持香港、澳門發展經濟、改善民生、破解經濟社會發展中的深層次矛盾和問題
- 發展壯大愛國愛港愛澳力量
- 堅持貫徹新時代黨解決台灣問題的總體方略，堅定不移推進祖國統一大業

第一講

過去五年的歷史成就和新時代十年的偉大變革

 過去五年的歷史成就

 新時代十年的偉大變革

黨的二十大報告全面回顧了黨的十八大以來黨的奮鬥歷程，系統總結了過去 5 年和新時代 10 年黨領導全國各族人民取得的偉大成績。

一、過去五年的歷史成就

黨的二十大報告指出：十九大以來的 5 年，是極不尋常、極不平凡的 5 年。黨中央統籌中華民族偉大復興戰略全局和世界百年未有之大變局，召開 7 次全會，分別就憲法修改，深化黨和國家機構改革，堅持和完善中國特色社會主義制度、推進國家治理體系和治理能力現代化，制定"十四五"規劃和 2035 年遠景目標，全面總結黨的百年奮鬥重大成就和歷史經驗等重大問題作出決定和決議，就黨和國家事業發展作出重大戰略部署，團結帶領全黨全軍全國各族人民有效應對嚴峻複雜的國際形勢和接踵而至的巨大風險挑戰，以奮發有為的精神把新時代中國特色社會主義不斷推向前進。

（一）過去五年的七次中央全會

黨的十九大以來，中央共召開 7 次全會，就黨和國家事業發展一系列問題作出重大戰略部署。

十九屆一中全會，2017 年 10 月 25 日召開，選舉產生新的中央領導機構。

十九屆二中全會，2018 年 1 月 18 日至 19 日召開，審議通過《中

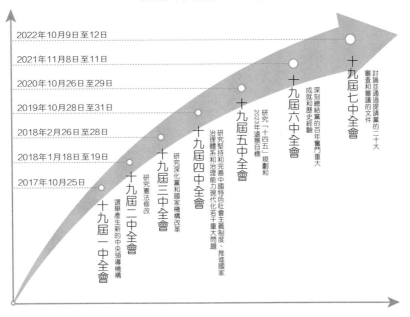

黨的十九屆歷次全會

2022年10月9日至12日

2021年11月8日至11日

2020年10月26日至29日

2019年10月28日至31日

2018年2月26日至28日

2018年1月18日至19日

2017年10月25日

十九屆一中全會
選舉產生新的中央領導機構

十九屆二中全會
研究憲法修改

十九屆三中全會
研究深化黨和國家機構改革

十九屆四中全會
研究堅持和完善中國特色社會主義制度、推進國家治理體系和治理能力現代化若干重大問題

十九屆五中全會
研究「十四五」規劃和2023年遠景目標

十九屆六中全會
深刻總結黨的百年奮鬥重大成就和歷史經驗

十九屆七中全會
討論並通過提請黨的二十大審查和審議的文件

共中央關於修改憲法部分內容的建議》。

十九屆三中全會，2018 年 2 月 26 日至 28 日召開，審議通過《中共中央關於深化黨和國家機構改革的決定》和《深化黨和國家機構改革方案》。

十九屆四中全會，2019 年 10 月 28 日至 31 日召開，審議通過《中共中央關於堅持和完善中國特色社會主義制度、推進國家治理體系和治理能力現代化若干重大問題的決定》。

十九屆五中全會，2020 年 10 月 26 日至 29 日召開，審議通過《中共中央關於制定國民經濟和社會發展第十四個五年規劃和二○三五年遠景目標的建議》。

十九屆六中全會，2021 年 11 月 8 日至 11 日召開，審議通過《中共中央關於黨的百年奮鬥重大成就和歷史經驗的決議》。

十九屆七中全會，2022 年 10 月 9 日至 12 日召開，討論通過黨的十九屆中央委員會向中國共產黨第二十次全國代表大會的報告，討論通過黨的十九屆中央紀律檢查委員會向中國共產黨第二十次全國代表大會的工作報告，討論通過《中國共產黨章程（修正案）》。

（二）過去五年的重大成就

黨的二十大報告指出：5 年來，我們堅持加強黨的全面領導和黨中央集中統一領導，全力推進全面建成小康社會進程，完整、準確、全面貫徹新發展理念，著力推動高質量發展，主動構建新發展格局，蹄疾步穩推進改革，扎實推進全過程人民民主，全面推進依法治國，積極發展社會主義先進文化，突出保障和改善民生，集中力量實施脫貧攻堅戰，大力推進生態文明建設，堅決維護國家安全，防範化解重大風險，保持社會大局穩定，大力度推進國防和軍隊現代化建設，全方位開展中國特色大國外交，全面推進黨的建設新的偉大工程。我們隆重慶祝中國共產黨成立 100 周年、中華人民共和國成立 70 周年，制定第三個歷史決議，在全黨開展黨史學習教育，建成中國共產黨歷史展覽館，號召全黨學習和踐行偉大建黨精神，在新的征程上更加堅定、更加自覺地牢記初心使命、開創美好未來。特別是面對突如其來的新冠肺炎疫情，我們堅持人民至上、生命至上，堅持外防輸入、內防反彈，堅持動態清零不動搖，開展抗擊疫情人民戰爭、總體戰、阻擊戰，最大限度保護了人民生命安全和身體健康，統籌疫情防控和經濟社會發展取得重大積極成果。面對香港局勢動盪變化，我們依照憲法和基本法有效實施對特別行政區的全面管治權，制定實施香港特別行政區維護國家安全法，落實"愛國者治港"原則，香港局勢實現由亂到治的重大轉折，深入推進粵港澳大灣區建設，支持香港、澳門發展經濟、改善民生、保持穩定。面對"台獨"勢力分裂活動和外部勢力干涉台灣事務的嚴重挑釁，我們堅決開展反分裂、反干涉重大鬥爭，展示了我們維護國家主權和領土完整、反對"台獨"的堅強決心和強大能力，進一步掌握了實現祖國完全統一的戰略主動，進一步鞏固了國際社會堅持一個中國的格局。面對國際局勢急劇變化，特別是面對外部訛詐、遏制、封鎖、極限施壓，我們堅持國家利益為重、國內政治優先，保持戰略定力，發揚鬥爭精神，展示不畏強權的堅定意志，在鬥爭中維護國家尊嚴和核心利益，牢牢掌握了我國發展和安全主動權。5 年來，我們黨團結帶領人民，攻克了許多長期沒有解決的難題，辦成了許多事關長遠的大事要事，推動黨和國家事業取得舉世矚目的重大成就。

黨的十九大以來 5 年取得的重大成就，極大彰顯了中國特色社會主義的強大生機和活力，空前激發了黨心軍心民心奮進新征程、建功新時代的自豪感和主動性，為實現中華民族偉大復興提供了更為完善的制度保證、更為堅實的物質基礎、更加強大的精神力量。

 深閱讀

黨的十九大以來的 5 年，是新時代 10 年的重要組成部分，是中華民族偉大復興進程中具有重要意義的 5 年。5 年來黨和國家事業取得舉世矚目的重大成就，可以從 4 個方面來認識和把握：第一，黨中央作出一系列事關全局的重大戰略部署；第二，黨和國家辦成一系列事關長遠的大事要事；第三，黨領導人民成功應對一系列前所未有的重大風險挑戰；第四，我們隆重慶祝中國共產黨成立 100 周年、中華人民共和國成立 70 周年，制定第三個歷史決議，更加堅定、更加自覺地牢記初心使命，開創美好未來。

（摘編自《奮鬥　新的偉業——非凡成就　偉大變革》，央視網，2022年 10 月 18 日）

二、新時代十年的偉大變革

（一）新時代十年的三件大事

　　黨的二十大報告指出：十八大召開至今已經 10 年了。10 年來，我們經歷了對黨和人民事業具有重大現實意義和深遠歷史意義的 3 件大事：一是迎來中國共產黨成立 100 周年，二是中國特色社會主義進入新時代，三是完成脫貧攻堅、全面建成小康社會的歷史任務，實現第一個百年奮鬥目標。這是中國共產黨和中國人民團結奮鬥贏得的歷史性勝利，是彪炳中華民族發展史冊的歷史性勝利，也是對世界具有深遠影響的歷史性勝利。

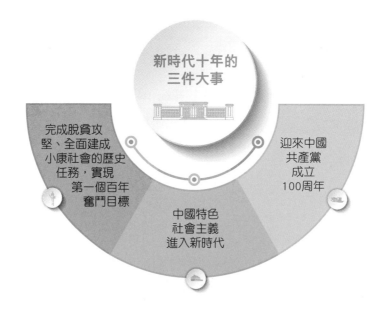

（二）新時代十年的歷史起點

　　黨的二十大報告指出：10 年前，我們面對的形勢是，改革開放和社會主義現代化建設取得巨大成就，黨的建設新的偉大工程取得顯著成效，為我們繼續前進奠定了堅實基礎、創造了良好條件、提供了重要保障，同時一系列長期積累及新出現的突出矛盾和問題亟待解決。黨內存在不少對堅持黨的領導認識模糊、行動乏力問題，存在不少落實黨的領導弱化、虛化、淡化問題，有些黨員、幹部政治信仰發生動搖，一些地方和部門形式主義、官僚主義、享樂主義和奢靡之風屢禁不止，特權思想和特權現象較為嚴重，一些貪腐問題觸目驚心；經濟結構性體制性矛盾突出，發展不平衡、不協調、不可持續，傳統發展模式難以為繼，一些深層次體制機制問題和利益固化藩籬日益顯現；一些人對中國特色社會主義政治制度自信不足，有法不依、執法不嚴等問題嚴重存在；拜金主義、享樂主義、極端個人主義和歷史虛無主義等錯誤思潮不時出現，網絡輿論亂象叢生，嚴重影響人們思想和社會輿論環境；民生保障存在不少薄弱環節；資源環境約束趨緊、環境污染等問題突出；維護國家安全制度不完善、應對各種重大風險能力不強，國防和軍隊現代化存在不少短板弱項；香港、澳門落實“一國兩制”的體制機制不健全；國家安全受到嚴峻挑戰，等等。當時，黨內和社會上不少人對黨和國家前途憂心忡忡。

面對這些影響黨長期執政、國家長治久安、人民幸福安康的突出矛盾和問題，黨中央審時度勢、果敢抉擇，銳意進取、攻堅克難，團結帶領全黨全軍全國各族人民撸起袖子加油幹、風雨無阻向前行，義無反顧進行具有許多新的歷史特點的偉大鬥爭。

（三）新時代十年十六個方面的偉大變革

黨的十八大召開，標誌著中國特色社會主義進入新時代。新時代10年的偉大變革，在新中國成立以來黨和人民長期探索和實踐的基礎上寫下了濃墨重彩的輝煌篇章，在新中國史上具有里程碑意義，社會主義在中國展現出更加旺盛的活力和強大生命力。

黨的二十大報告指出：10 年來，我們堅持馬克思列寧主義、毛澤東思想、鄧小平理論、"三個代表"重要思想、科學發展觀，全面貫徹新時代中國特色社會主義思想，全面貫徹黨的基本路線、基本方略，採取一系列戰略性舉措，推進一系列變革性實踐，實現一系列突破性進展，取得一系列標誌性成果，經受住了來自政治、經濟、意識形態、自然界等方面的風險挑戰考驗，黨和國家事業取得歷史性成就、發生歷史性變革，推動我國邁上全面建設社會主義現代化國家新征程。

　　一是創立了習近平新時代中國特色社會主義思想，明確堅持和發展中國特色社會主義的基本方略，提出一系列治國理政新理念新思想新戰略，實現了馬克思主義中國化時代化新的飛躍，堅持不懈用這一創新理論武裝頭腦、指導實踐、推動工作，為新時代黨和國家事業發展提供了根本遵循。

　　黨的十八大以來，以習近平同志為核心的黨中央從新的實際出發，對關係新時代黨和國家事業發展的一系列重大理論和實踐問題進行深邃思考和科學判斷，就新時代堅持和發展什麼樣的中國特色社會主義、怎樣堅持和發展中國特色社會主義，建設什麼樣的社會主義現代化強國、怎樣建設社會主義現代化強國，建設什麼樣的長期執政的馬克思主義政黨、怎樣建設長期執政的馬克思主義政黨等重大時代課題，提出一系列原創性的治國理政新理念新思想新戰略，創立了習近平新時代中國特色社會主義思想，實現了馬克思主義中國化時代化新的飛躍。確立習近平新時代中國特色社會主義思想的指導地位，是黨的十八大以來最重要的政治成果之一，是黨和國家事業取得歷史性成就、發生歷史性變革的根本所在，對新時代黨和國家事業發展、對推進中華民族偉大復興歷史進程具有決定性意義，為我們黨在中華民族偉大復興戰略全局和世界百年未有之大變局深度演進互動的複雜條件下開新局、創輝煌提供了根本政治保證。

權威評論

　　江金權（中央政策研究室主任）：新時代十年的偉大變革，是全方位、根本性、格局性的，體現在改革發展穩定、內政外交國防、治黨治國治軍各個方面。報告從 16 個方面總結概括了十年來的偉大變革，可謂字字千鈞、擲地有聲，全面展示了新時代偉大變革的壯闊歷程和宏偉氣象。我體會，最具標誌性意義的有 6 個方面：一是取得了 "兩個確立" 的重大政治成果……二是中國共產黨在革命性鍛造中更加堅強有力……三是勝利實現全面建成小康社會目標……四是維護國家安全能力顯著提高……五是我國國際地位顯著提升……六是我國制度優勢更加彰顯。

　　二是全面加強黨的領導，明確中國特色社會主義最本質的特徵是中國共產黨領導，中國特色社會主義制度的最大優勢是中國共產黨領導，中國共產黨是最高政治領導力量，堅持黨中央集中統一領導是最高政治原則，系統完善黨的領導制度體系，全黨增強 "四個意識"，自覺在思想上政治上行動上同黨中央保持高度一致，不斷提高政治判斷力、政治領悟力、政治執行力，確保黨中央權威和集中統一領導，確保黨發揮總攬全局、協調各方的領導核心作用，我們這個擁有 9,600 多萬名黨員的馬克思主義政黨更加團結統一。

　　加強黨的全面領導和黨中央集中統一領導，明確了黨在中國特色社會主義事業中的領導核心地位，確立了習近平同志黨中央的核心、全黨的核心地位，使黨的全面領導和黨中央的權威在國家運行機制和各項制度中具有了更強的制度約束力，黨的領導體制機制更加健全。黨的十九大將 "中國共產黨的領導是中國特色社會主義最本質的特徵，是中國特色社會主義制度的最大優勢" 寫入黨章，二十大黨章對習近平總書記指出：「加強黨對一切工作的領導，這一要求不是空洞的、抽象的，要在各方面各環節落實和體現。」黨的十八大以來，黨中央採取一系列舉措，把黨的領導落實到國家治理各領域各方面各環節，確保黨引領中華民族偉大復興的巨輪沿著正確航向破浪前行。黨的全面領導制度體系更加成熟、更加定型，為推進新時代中國特色社會主義各項事業提供了堅強保證。

（摘編自《確保黨始終成為中國特色社會主義事業堅強領導核心——新時代堅持和加強黨的全面領導述評》，新華社，2022年9月4日，作者：丁小溪、高蕾、范思翔）

此再次作出強調。十三屆全國人大一次會議審議通過的憲法修正案，把「中國共產黨領導是中國特色社會主義最本質的特徵」載入憲法。完善推動黨中央重大決策部署落實機制，嚴格執行向黨中央請示報告制度，構建上下貫通、執行有力的組織體系，不斷健全體現和落實黨中央集中統一領導的工作體系。深化黨和國家機構改革，強化黨中央決策議事協調機構職能作用，落實黨中央對經濟建設、政治建設、文化建設、社會建設、生態文明建設和全面深化改革、國防和軍隊建設等各方面工作的全面領導，從機構職能上保證黨的領導得到全面落實。不斷完善黨領導人大、政府、政協、監察機關、審判機關、檢察機關、武裝力量、人民團體、企事業單位、基層群眾性自治組織、社會組織等制度，確保黨在各種組織中發揮領導作用。持續深化政治機關建設，調整優化基層黨組織的地位作用，全面完成央企集團「黨建入章」，不斷健全高校黨委領導下的校長負責制，先後建立公立中小學、醫院、科研院所黨組織領導下的校（院、所）長負責制，黨的領導進一步貫徹和融入各領域各方面工作之中，推動黨的領導制度縱到底橫到邊，落實落地。

三是對新時代黨和國家事業發展作出科學完整的戰略部署，提出實現中華民族偉大復興的中國夢，以中國式現代化推進中華民族偉大復興，統攬偉大鬥爭、偉大工程、偉大事業、偉大夢想，明確"五位一體"總體佈局和"四個全面"戰略佈局，確定穩中求進工作總基調，統籌發展和安全，明確我國社會主要矛盾是人民日益增長的美好生活需要和不平衡不充分的發展之間的矛盾，並緊緊圍繞這個社會主要矛盾推進各項工作，不斷豐富和發展人類文明新形態。

我國站在新的歷史起點上，應對世界百年未有之大變局，堅持科學社會主義理論邏輯和中國社會發展歷史邏輯的辯證統一，堅持按照根植於中國大地、反映中國人民意願、適應中國和時代發展進步的要求發展中國特色社會主義，堅持把中國特色社會主義作為全面建成小康社會、加快推進社會主義現代化、實現中華民族偉大復興的必由之路。不斷深化對中國特色社會主義的規律性認識，對中國特色社會主義進行科學擘劃、作出戰略安排，明確提出堅持和發展中國特色社會主義的總任務，提出中國特色社會主義事業"五位一體"總體佈局和"四個全面"戰略佈局，提出堅持和完善中國特色社會主義制度、推進國家治理體系和治理能力現代化，在黨的基本理論、基本路線基礎上提出"十四個堅持"的新時代中國特色社會主義基本方略，並根據新的實踐對黨和國家事業各方面作出理論分析和政策指導，推動新時代黨和國家事業取得歷史性成就、發生歷史性變革。

四是經過接續奮鬥，實現了小康這個中華民族的千年夢想，我國發展站在了更高歷史起點上。我們堅持精準扶貧、盡銳出戰，打贏了人類歷史上規模最大的脫貧攻堅戰，全國 832 個貧困縣全部摘帽，近 1 億農村貧困人口實現脫貧，960 多萬貧困人口實現易地搬遷，歷史性地解決了絕對貧困問題，為全球減貧事業作出了重大貢獻。

我們堅持以人民為中心的發展思想，把如期全面建成小康社會作

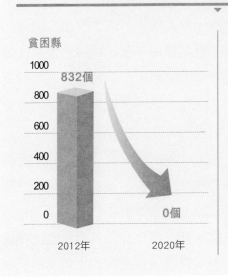

打贏脫貧攻堅戰，如期全面建成小康社會

貧困縣

832個

2012年　2020年　0個

"十三五" 期間

960多萬貧困人口通過易地搬遷實現脫貧，建成集中安置區約3.5萬個

建成安置住房266萬餘套，總建築面積2.1億平方米，戶均住房面積80.6平方米

數據來源：國家發展改革委

為向人民、向歷史作出的莊嚴承諾，下大氣力破解制約如期全面建成小康社會的重點難點問題，攻克一系列難題，戰勝一系列挑戰，如期全面建成小康社會，邁出實現中華民族偉大復興的關鍵一步。我們把脫貧攻堅作為全面建成小康社會的底線任務，組織實施人類歷史上規模最大、力度最強的脫貧攻堅戰。黨的十八大以來，近 1 億農村貧困人口實現脫貧，提前 10 年實現聯合國 2030 年可持續發展議程減貧目標，歷史性地解決了困擾中華民族幾千年的絕對貧困問題，創造了人類減貧史上的奇蹟。

五是提出並貫徹新發展理念，著力推進高質量發展，推動構建新發展格局，實施供給側結構性改革，制定一系列具有全局性意義的區域重大戰略，我國經濟實力實現歷史性躍升。國內生產總值從 54 萬億元增長到 114 萬億元，我國經濟總量佔世界經濟的比重達 18.5%，提高 7.2 個百分點，穩居世界第二位；人均國內生產總值從 3.98 萬元增加到 8.1 萬元。穀物總產量穩居世界首位，14 億多人的糧食安全、能源安全得到有效保障。城鎮化率提高 11.6 個百分點，達到 64.7%。製造業規模、外匯儲備穩居世界第一。建成世界最大的高速鐵路網、高速公路網，機場港口、水利、能源、信息等基礎設施建設取得重大成就。我們加快推進科技自立自強，全社會研發經費支出從 1 萬億元增加到 2.8 萬億元，居世界第二位，研發人員總量居世界首位。基礎研究和原始創新不斷加強，一些關鍵核心技術實現突破，戰略性新興產業發展壯大，載人航天、探月探火、深海深地探測、超級計算機、衛星導航、量子信息、核電技術、新能源技術、大飛機製造、生物醫藥等取得重大成果，進入創新型國家行列。

以習近平同志為核心的黨中央把握我國社會主要矛盾的變化，提出新發展理念，系統回答了關於發展的目的、動力、方式、路徑等一系列理論和實踐問題，就推動高質量發展、推動供給側結構性改革、構建新發展格局、統籌發展和安全等推出一系列重大戰略舉措，引領和推動我國發展觀念、發展方式、發展動力、發展格局發生了深刻變革，為我國實現高質量發展、加快從經濟大國向經濟強國轉變開闢了正確道路，國內生產總值（GDP）突破百萬億元大關，人均 GDP 超過 1 萬美元。我國加快發展先進製造業，培育壯大戰略性產業，積極發展新興產業，擁有聯合國製造業分類目錄中全部大類行業，200 多種工業產品產量位居世界第一，成為名副其實的第一製造大國。發電設備、輸變電設備、軌道交通設備、通信設備處於國際領先地位，工業互聯網、大數據、雲計算、人工智能等現代信息技術迅速發展。我國已經成為全球第二大消費市場，巨大的國內市場規模在推動形成新發展格局中日益發揮戰略基點作用。我國科技創新開始從量的積累向質的飛躍、從散點突破向系統能力提升轉變，一些領域實現了從"跟跑"到"並跑"甚至"領跑"的跨越，國內發明專利授權量連續多年

這些數字見證中國經濟發展非凡十年

GDP增長

114萬億元
2021年

上升至

54萬億元
2012年

經濟總量佔世界經濟的比重

18.5%

81,000元

人均GDP從39,800元增加到81,000元

第1

穀物總產量穩居世界首位

城鎮化率
64.7% 提高11.6個百分點
達到64.7%

第1
製造業規模穩居世界第一

第1
外匯儲備穩居世界第一

28,000億元
10,000億元

2012年　　2021年

全社會研發經費支出增加到28,000億元，居世界第二位

第1
研發人員總量居世界首位

數據來源：《人民日報》

位居世界首位，通過《專利合作條約》（PCT）途徑提交的國際專利申請量躍居世界首位，國際科技論文數量和高被引論文數量均居世界第二位。在基礎研究和關鍵核心技術方面，量子信息、鐵基超導、中微子、幹細胞、腦科學等前沿領域取得一批標誌性、引領性重大原創

成果，載人航天與探月、全球衛星導航、大型客機、深地、深海等戰略性領域攻克一批“卡脖子”關鍵核心技術，磁約束核聚變大科學裝置多項實驗取得突破，散裂中子源、500米口徑球面射電望遠鏡等一批國之重器相繼建成運行，國家科技實力得到顯著增強，我國進入創新型國家行列。

六是以巨大的政治勇氣全面深化改革，打響改革攻堅戰，加強改革頂層設計，敢於突進深水區，敢於啃硬骨頭，敢於涉險灘，敢於面對新矛盾新挑戰，衝破思想觀念束縛，突破利益固化藩籬，堅決破除各方面體制機制弊端，各領域基礎性制度框架基本建立，許多領域實現歷史性變革、系統性重塑、整體性重構，新一輪黨和國家機構改革全面完成，中國特色社會主義制度更加成熟更加定型，國家治理體系和治理能力現代化水平明顯提高。

以習近平同志為核心的黨中央準確把握改革進入攻堅期和深水區的階段性特徵，召開具有劃時代意義的黨的十八屆三中全會，以敢於啃硬骨頭、敢於涉險灘的精神和巨大政治勇氣、政治智慧推進全面深化改革，堅決破除各方面體制機制弊端，推動改革全面發力、多點突破、蹄疾步穩、縱深推進，從夯基壘台、立柱架樑到全面推進、積厚成勢，再到系統集成、協調高效，不斷推動全面深化改革向廣度和深度進軍。全面完成新一輪黨和國家機構改革，實現黨和國家機構系統性、整體性重構，黨和國家各方面制度更加成熟更加定型，制度優勢和治理效能不斷顯現，為黨和國家長治久安、為中華民族興旺發達奠定了制度基礎。

七是實行更加積極主動的開放戰略，構建面向全球的高標準自由貿易區網絡，加快推進自由貿易試驗區、海南自由貿易港建設，共建“一帶一路”成為深受歡迎的國際公共產品和國際合作平台。我國成為140多個國家和地區的主要貿易夥伴，貨物貿易總額居世界第一，吸引外資和對外投資居世界前列，形成更大範圍、更寬領域、更深層次對外開放格局。

以習近平同志為核心的黨中央堅持以開放促改革、促發展、促創新，通過高水平開放推動供給側結構性改革，通過利用國內外創新要素優化進口、提升國內供給水平，實行更加積極主動的開放戰略，構建互利共贏、多元平衡、安全高效的開放型經濟體系，形成更大範圍、更寬領域、更深層次的對外開放格局，不斷增強我國國際經濟合作和競爭新優勢，我國同世界的聯繫更趨緊密、相互影響更趨深刻。我國積極推動從商品和要素流動型開放向規則、規制、管理、標準等制度型開放轉變，高技術、高質量、高附加值的產品出口快速增長，出口比較優勢加快從要素驅動向創新驅動轉變，向國際市場提供更加優質的商品和服務，促進國內國際雙循環相互促進，利用外資呈現量質齊升的良好局面，全方位高水平開放型經濟加快形成。更高水平開放型經濟新體制加快建設，自貿試驗區數量 2020 年已拓展到 21 家，有效激發了改革創新的活力、動力和潛力。海南自由貿易港建設扎實推進，逐步建立與高水平自由貿易港相適應的稅收制度，推進貿易自由化、便利化，我國營商環境全球排名由 2013 年的第 96 位躍升至 2020 年的第 31 位。

八是堅持走中國特色社會主義政治發展道路，全面發展全過程人民民主，社會主義民主政治制度化、規範化、程序化全面推進，社會主義協商民主廣泛開展，人民當家作主更為扎實，基層民主活力增強，愛國統一戰線鞏固拓展，民族團結進步呈現新氣象，黨的宗教工作基本方針得到全面貫徹，人權得到更好保障。社會主義法治國家建設深入推進，全面依法治國總體格局基本形成，中國特色社會主義法治體系加快建設，司法體制改革取得重大進展，社會公平正義保障更為堅實，法治中國建設開創新局面。

以習近平同志為核心的黨中央堅持和完善人民代表大會制度、中國共產黨領導的多黨合作和政治協商制度、民族區域自治制度，黨的

十年來，全過程人民民主不斷發展

 截至2022年6月底

全國人大常委會

共聽取審議有關監督工作情況的
報告**150**多件
檢查**50**多部法律的實施情況
共開展專題詢問**25**次
專題調研**45**項

 截至2022年6月底

全國人大及其常委會

一共有**217**件次的法律草案
向社會公佈徵求意見
收到**120**多萬人次提出的
380多萬條意見建議

 截至2022年7月底

全國政協召開

16次 網絡議政遠程協商會	**18**次 專題議政性常委會會議	**20**次 專題協商會
51次 專家協商會	**140**次 雙周協商座談會	

 截至2022年7月底

全國政協

共收到提案**58,000**多件
經審查立案**47,000**多件

 截至2022年7月底

黨中央召開或委託有關
部門召開政黨協商會議
185次

數據來源："中國這十年"系列主題新聞發佈會

領導、人民當家作主、依法治國有機統一的制度建設得到全面加強，
社會主義民主政治制度化、規範化、程序化取得長足進步，人民依法
參與民主選舉、民主協商、民主決策、民主管理、民主監督更加暢
通，進一步激發了人民群眾的積極性主動性創造性，為國家發展和民
族復興注入不竭動力。積極發展基層民主，健全基層群眾自治制度，
鞏固和發展最廣泛的愛國統一戰線，健全全面、廣泛、有機衛接的人

民當家作主制度體系，構建多樣、暢通、有序的民主渠道，選舉民主和協商民主相互補充，為人民當家作主提供可靠保障，人民群眾的獲得感、幸福感、安全感不斷提升。從關係黨的前途命運和國家長治久安的戰略全域高度認識法治、定位法治、佈局法治、推進法治、厲行法治，堅持依法治國、依法執政、依法行政共同推進，法治國家、法治政府、法治社會一體建設，法治中國建設取得令人矚目的成就。

九是確立和堅持馬克思主義在意識形態領域指導地位的根本制度，新時代黨的創新理論深入人心，社會主義核心價值觀廣泛傳播，中華優秀傳統文化得到創造性轉化、創新性發展，文化事業日益繁榮，網絡生態持續向好，意識形態領域形勢發生全局性、根本性轉變。我們隆重慶祝中國人民解放軍建軍 90 周年、改革開放 40 周年，隆重紀念中國人民抗日戰爭暨世界反法西斯戰爭勝利 70 周年、中國人民志願軍抗美援朝出國作戰 70 周年，成功舉辦北京冬奧會、冬殘奧會，青年一代更加積極向上，全黨全國各族人民文化自信明顯增強、精神面貌更加奮發昂揚。

以習近平同志為核心的黨中央準確把握世界範圍內思想文化相互激蕩、我國社會思想觀念深刻變化的趨勢，就意識形態領域一系列根本性問題闡明原則立場，旗幟鮮明確立馬克思主義在意識形態領域指導地位的根本制度，破立並舉、激濁揚清，有效解決了意識形態領域黨的領導弱化問題，牢牢掌握了意識形態工作領導權。堅持以社會主義核心價值觀引領文化建設，注重用中華優秀傳統文化、革命文化、社會主義先進文化培根鑄魂，推動中華優秀傳統文化創造性轉化、創新性發展。黨對宣傳思想文化工作的領導明顯加強，馬克思主義在意識形態領域的指導地位更加鞏固，社會主義核心價值觀得到廣泛弘揚，公共文化服務水平不斷提高，國家文化軟實力和影響力大幅提升。我國堅持綠色辦奧、共享辦奧、開放辦奧、廉潔辦奧，把北京冬奧會、冬殘奧會辦成一屆精彩、非凡、卓越的奧運盛會，向祖國人

學有所教
九年義務教育
鞏固率95.4%

幼有所育
學前教育毛入園率
88.1%

勞有所得
2021年，全國居民
人均可支配收入比
2012年實際增長
78.0%

十年來，
人民生活
全方位
改善

弱有所扶
各級財政累計支
出基本生活救助
資金2.04萬億元

病有所醫
基本醫療保險參保率
穩定在95%

住有所居
建設各類保障性住房和
棚戶區改造安置住房
5,900多萬套

老有所養
全國參加基本
養老保險10.4億人

數據來源：教育部、民政部、住建部、國家衛健委、國家統計局

民、向國際社會交上了一份滿意答卷。

十是深入貫徹以人民為中心的發展思想，在幼有所育、學有所教、勞有所得、病有所醫、老有所養、住有所居、弱有所扶上持續用力，人民生活全方位改善。人均預期壽命增長到 78.2 歲。居民人均可支配收入從 1.65 萬元增加到 3.51 萬元。城鎮新增就業年均 1,300 萬人以上。建成世界上規模最大的教育體系、社會保障體系、醫療衛生體系，教育普及水平實現歷史性跨越，基本養老保險覆蓋 10.4 億人，基本醫療保險參保率穩定在 95%。及時調整生育政策。改造棚戶區住房 4,200 多萬套，改造農村危房 2,400 多萬戶，城鄉居民住房條件明顯改善。互聯網上網人數達 10.3 億人。人民群眾獲得感、幸福感、安全感更加充實、更有保障、更可持續，共同富裕取得新成效。

以習近平同志為核心的黨中央堅持把保障和改善民生作為社會建設的重點，在收入分配、就業、教育、社會保障、醫療衛生、住房保障等方面推出一系列重大舉措，建成世界上規模最大的社會保障體系和公共衛生服務體系，切實讓改革發展成果更多更公平惠及廣大人民群眾，中國人民生活水平邁上了一個新台階，日益增長的美好生活需要不斷得到滿足，使新時代成為人民獲得感、幸福感、安全感最顯著的階段，書寫了推動人的全面發展的新篇章。

十一是堅持綠水青山就是金山銀山的理念，堅持山水林田湖草沙一體化保護和系統治理，全方位、全地域、全過程加強生態環境保護，生態文明制度體系更加健全，污染防治攻堅向縱深推進，綠色、循環、低碳發展邁出堅實步伐，生態環境保護發生歷史性、轉折性、全局性變化，我們的祖國天更藍、山更綠、水更清。

以習近平同志為核心的黨中央踐行"綠水青山就是金山銀山"理念，以最堅定決心、最嚴格制度、最有力舉措加強生態環境保護，污染防治攻堅戰取得顯著成效，主要污染物排放總量持續下降，能源消費中清潔能源佔比明顯提高，環境質量穩步改善，城市污水處理率、城市生活垃圾無害化處理率接近 100%，生態文明建設取得歷史性成就，有力支撐了中華民族的偉大復興和永續發展。

十二是貫徹總體國家安全觀，國家安全領導體制和法治體系、戰略體系、政策體系不斷完善，在原則問題上寸步不讓，以堅定的意志品質維護國家主權、安全、發展利益，國家安全得到全面加強。共建共治共享的社會治理制度進一步健全，民族分裂勢力、宗教極端勢力、暴力恐怖勢力得到有效遏制，掃黑除惡專項鬥爭取得階段性成果，有力應對一系列重大自然災害，平安中國建設邁向更高水平。

以習近平同志為核心的黨中央加強對國家安全工作的集中統一領導，從全局和戰略高度對國家安全作出一系列重大決策部署，強化國家安全工作頂層設計，以人民安全為宗旨，以政治安全為根本，以經濟安全為基礎，以軍事、科技、文化、社會安全為保障，以促進國際安全為依託，完善各重要領域國家安全政策，健全國家安全法律法

數據來源："中國這十年"系列主題新聞發佈會

規，國家安全得到全面加強，成功應對了政治、經濟、意識形態、自然界等方面的一系列重大風險挑戰，保持了我國國家安全大局穩定。加強和創新社會治理，完善黨委領導、政府負責、民主協商、社會協同、公眾參與、法治保障、科技支撐的社會治理體系，強力開展掃黑除惡專項鬥爭，形成共建共治共享的社會治理格局，構建起立體化、智能化社會治安防控體系，社會治理社會化、智能化、法治化、專業化水平不斷提高，實現社會治理方式由單向管理向多元共治轉變，使我國成為世界上公認的最安全的國家之一。

十三是確立黨在新時代的強軍目標，貫徹新時代黨的強軍思想，貫徹新時代軍事戰略方針，堅持黨對人民軍隊的絕對領導，召開古田全軍政治工作會議，以整風精神推進政治整訓，牢固樹立戰鬥力這個唯一的根本的標準，堅決把全軍工作重心歸正到備戰打仗上來，統籌加強各方向各領域軍事鬥爭，大抓實戰化軍事訓練，大刀闊斧深化國防和軍隊改革，重構人民軍隊領導指揮體制、現代軍事力量體系、軍事政策制度，加快國防和軍隊現代化建設，裁減現役員額 30 萬勝利完成，人民軍隊體制一新、結構一新、格局一新、面貌一新，現代化水平和實戰能力顯著提升，中國特色強軍之路愈走愈寬廣。

以習近平同志為核心的黨中央適應國際戰略形勢和國家安全環境的發展變化，提出建設世界一流軍隊的新時代強軍目標，弘揚古田會議精神，毫不動搖堅持黨對人民軍隊絕對領導的根本原則和制度，習近平強軍思想指導地位牢固確立，軍隊黨的領導和黨的建設全面加強。人民軍隊政治生態實現根本好轉，實現整體性革命性重塑，戰鬥力得到全面提升。推進政治建軍、改革強軍、科技強軍、人才強軍、依法治軍，領導開展新中國成立以來最為廣泛、最為深刻的國防和軍隊改革，重構人民軍隊領導指揮體制、現代軍事力量體系、軍事政策制度，調整優化軍事戰略佈局，強化人民軍隊塑造態勢、管控危機、遏制戰爭、打贏戰爭的戰略功能。科技創新對人民軍隊建設和戰鬥力發展的貢獻率不斷提高，國防和軍隊現代化水平顯著提高，軍事鬥爭準備取得重大進展，為實現中華民族偉大復興提供了強大的戰略支撐。

十四是全面準確推進"一國兩制"實踐，堅持"一國兩制"、"港人治港"、"澳人治澳"、高度自治的方針，推動香港進入由亂到治走向由治及興的新階段，香港、澳門保持長期穩定發展良好態勢。我們提出新時代解決台灣問題的總體方略，促進兩岸交流合作，堅決反對"台獨"分裂行徑，堅決反對外部勢力干涉，牢牢把握兩岸關係主導權和主動權。

以習近平同志為核心的黨中央堅定不移、全面準確貫徹"一國兩制"、"港人治港"、"澳人治澳"、高度自治方針，堅持中央全面管治權和保障特別行政區高度自治權相統一，堅持依法治港治澳，維護憲法和基本法確定的特別行政區憲制秩序，推動建立健全特別行政區維護國家安全的法律制度和執行機制；堅定落實"愛國者治港"、"愛國者治澳"原則，確保特區政權牢牢掌握在愛國者手中，完善香港特別行政區選舉制度，堅定支持香港特別行政區政府依法施政，堅決防範和遏制外部勢力干預港澳事務，嚴厲打擊分裂、顛覆、滲透、破壞活動；支持香港長期保持獨特地位和優勢，建成被譽為"新的世界七大奇蹟"的港珠澳大橋，高質量建設充滿活力、前景光明的粵港澳大灣區，全面支持香港、澳門更好融入國家發展大局，以一系列標本兼治的舉措推動香港開創治理和發展的全新局面。

十五是全面推進中國特色大國外交，推動構建人類命運共同體，堅定維護國際公平正義，倡導踐行真正的多邊主義，旗幟鮮明反對一切霸權主義和強權政治，毫不動搖反對任何單邊主義、保護主義、霸凌行徑。我們完善外交總體佈局，積極建設覆蓋全球的夥伴關係網絡，推動構建新型國際關係。我們展現負責任大國擔當，積極參與全球治理體系改革和建設，全面開展抗擊新冠肺炎疫情國際合作，贏得廣泛國際讚譽，我國國際影響力、感召力、塑造力顯著提升。

我國堅定不移走和平發展道路，奉行互利共贏開放戰略，積極促進全球治理體系變革，提出推動構建人類命運共同體，推動建設“相互尊重、公平正義、合作共贏”的新型國際關係，高質量共建“一帶一路”，堅持“共同、綜合、合作、可持續”的全球安全觀，堅持“和平、發展、公平、正義、民主、自由”的全人類共同價值等一系列深刻影響世界的新理念新思想新戰略，為進入新的動盪變革期的世界指明了光明前景，成為引領時代潮流和人類前進方向的鮮明旗幟。我國倡導推動真正的多邊主義，反對單邊主義、保護主義、霸權主義、強權政治。建設性參與國際和地區熱點問題政治解決，在氣候變化、減貧、反恐、防疫、網絡安全和維護地區安全等領域發揮積極作用。通過持續不斷提供優質公共產品，積極參與各類國際和地區事務，同國際社會開展廣泛聯繫與合作，展現了負責任大國形象，顯著提升了我國國際影響力、感召力、塑造力，成為公認的世界和平建設者、全球發展貢獻者、國際秩序維護者。

十六是深入推進全面從嚴治黨，堅持打鐵必須自身硬，從制定和落實中央八項規定開局破題，提出和落實新時代黨的建設總要求，以黨的政治建設統領黨的建設各項工作，堅持思想建黨和制度治黨同向發力，嚴肅黨內政治生活，持續開展黨內集中教育，提出和堅持新時代黨的組織路線，突出政治標準選賢任能，加強政治巡視，形成比較完善的黨內法規體系，推動全黨堅定理想信念、嚴密組織體系、嚴明紀律規矩。我們持之以恒正風肅紀，以釘釘子精神糾治“四風”，反對特權思想和特權現象，堅決整治群眾身邊的不正之風和腐敗問題，剎住了一些長期沒有剎住的歪風，糾治了一些多年未除的頑瘴痼疾。我們開展了史無前例的反腐敗鬥爭，以“得罪千百人、不負十四億”的使命擔當祛屙治亂，不敢腐、不能腐、不想腐一體推進，“打虎”、“拍蠅”、“獵狐”多管齊下，反腐敗鬥爭取得壓倒性勝利並全面鞏固，消除了黨、國家、軍隊內部存在的嚴重隱患，確保黨和人民賦予的權力始終用來為人民謀幸福。經過不懈努力，黨找到了自我革命這一跳出治亂興衰歷史周期率的第二個答案，自我淨化、自我完善、自我革新、自我提高能力顯著增強，管黨治黨寬鬆軟狀況得到根本扭轉，風清氣正的黨內政治生態不斷形成和發展，確保黨永遠不變質、不變色、不變味。

以習近平同志為核心的黨中央深化對黨的建設規律的認識，圍繞新時代建設什麼樣的長期執政的馬克思主義政黨、怎樣建設長期執政的馬克思主義政黨的重大時代課題，提出新時代黨的建設總要求、堅持黨的全面領導、以黨的政治建設統領黨的各項建設、自我革命是黨跳出治亂興衰歷史周期率的“第二個答案”等一系列建黨強黨新理念新思想新戰略，指引全面從嚴治黨不斷走向深入，取得重大新進展、新成就。建立健全黨的全面領導體制機制，黨的政治領導力、思想引領力、群眾組織力、社會號召力顯著增強。強化政治監督和政治巡視，推動全黨深刻領悟“兩個確立”的決定性意義，增強“四個意識”、堅定“四個自信”、做到“兩個維護”，黨員、幹部的政治判斷力、政治領悟力、政治執行力全面提高。接續開展“不忘初心、牢記使命”主題教育和黨史學習教育，大力弘揚偉大建黨精神，黨的創新理論武裝不斷走深走實走心，全黨歷史主動精神和歷史創造精神得到有效激發。貫徹新時代黨的組織路線，黨的組織體系、幹部工作體系、人才政策體系更加健全，基層黨組織的戰鬥堡壘作用、黨員先鋒模範作用在脫貧攻堅、疫情防控等大戰大考中充分彰顯，領導班子和幹部隊伍素質結構進一步優化，人才隊伍創新創造活力明顯增強。馳而不息糾治"四風"，大力整治形式主義、官僚主義，黨風政風持續向好。深化運用監督執紀"四種形態"，嚴明政治紀律和政治規矩，帶動各項紀律全面嚴起來，實現管黨治黨從盯住極少數向管住大多數轉變。形成比較完善的黨內法規體系，黨的建設科學化、制度化、規範化水平明顯提高。完善黨和國家監督體系，堅持不敢腐、不能腐、不想腐一體推進，懲治震懾、制度約束、提高覺悟一體發力，治理腐敗綜合功效不斷顯現，反腐敗鬥爭取得壓倒性勝利並全面鞏固。

（四）新時代十年偉大變革的歷史意義

黨的二十大報告指出：新時代十年的偉大變革，在黨史、新中國史、改革開放史、社會主義發展史、中華民族發展史上具有里程碑意義。

回首過去極不平凡的 10 年，在以習近平同志為核心的黨中央堅強領導下，我們黨在進行具有許多新的歷史特點的偉大鬥爭中贏得一個又一個重大勝利，在推進全面從嚴治黨偉大自我革命中不斷取得卓著成效，在推進新時代中國特色社會主義偉大事業上取得歷史性成就、發生歷史性變革，在推進中華民族偉大復興歷史偉業上立下彪炳史冊的不朽功勳。新時代 10 年的偉大變革，不僅深刻改變了中國，還極大影響了世界，直接推動形成了世界力量對比"東升西降"的態勢，尤其是有力推進和拓展了中國式現代化這一人類發展史上最為宏大的現代化實踐，創造出人類文明新形態，給世界上那些既嚮往加快發展又希望保持自身獨立性的國家和民族提供了全新選擇，為解決人類面臨的共同問題提供了更多更好的中國智慧、中國方案、中國力

新時代十年偉大變革的里程碑意義

- 在黨史上具有里程碑意義
- 在新中國史上具有里程碑意義
- 在改革開放史上具有里程碑意義
- 在社會主義發展史上具有里程碑意義
- 在中華民族發展史上具有里程碑意義

量。可以說，與中國歷史上歷次變革相比，新時代 10 年的偉大變革更加全面、更為徹底、更有成效。

一是在黨史、新中國史、改革開放史和中華民族發展史上具有重大意義。中華民族是一個有著 5,000 多年文明歷史、光耀世界的偉大民族。鴉片戰爭後，中國陷入內憂外患的黑暗境地，中華民族落入歷史的低谷，中國共產黨就是在這個民族危亡的歷史關頭應運而生，義無反顧地肩負起救國救民、復興民族的歷史使命。經過革命、建設和改革各個歷史時期的不懈奮鬥，我們黨帶領人民成功開創了中國特色社會主義這條中國趕上時代、民族走向復興的康莊大道，成功扭轉了中國人民和中華民族的前途命運。黨的十八大以來，我們黨承前啟後、繼往開來，推動中國特色社會主義進入新時代。在這個時代裏，我們已經全面建成小康社會並開啟全面建設社會主義現代化國家新征程，還將實現全體人民共同富裕和中華民族偉大復興的中國夢。其偉大歷史意義就在於，近代以來中華民族最偉大的夢想將在這個歷史階段實現，中華文明將在這個歷史階段大放光彩、登上新的高峰。從這樣一個認識高度把握新時代的重大歷史意義，就能推動全黨增強歷史責任感，牢記初心使命，領導人民接好歷史接力棒，創造無愧於新時代的歷史業績。

二是在社會主義發展史上具有重大意義。馬克思主義深刻改變了中國，中國也極大豐富了馬克思主義。我們黨自成立以來，在革命、建設、改革各個歷史時期不斷推進馬克思主義中國化，先後形成毛澤東思想、鄧小平理論、"三個代表"重要思想、科學發展觀，指導黨和人民贏得新民主主義革命、社會主義革命和建設、改革開放和社會主義現代化建設新時期的偉大勝利，在蘇聯解體、東歐劇變後世界社會主義運動一時陷入低潮的背景下，使科學社會主義在中國大地展現出蓬勃生機活力。新時代的偉大歷史意義就在於，我們黨堅持馬克思主義指導地位不動搖，秉持與時俱進的馬克思主義理論品質，形成了習近平新時代中國特色社會主義思想，指導全黨和全國各族人民於變局中開新局，使馬克思、恩格斯設想的人類社會美好前景不斷在中國大地上生動展現出來，在世界上高高舉起了中國特色社會主義偉大旗幟。從這樣一個認識高度把握新時代的偉大歷史意義，就能推動全黨增強中國特色社會主義道路自信、理論自信、制度自信、文化自信，領導全國各族人民在奮進新時代的征程上堅持和發展中國特色社會主義，讓科學社會主義在 21 世紀的中國煥發出更為強大的生機活力，用中國不斷走向強大的事實讓世界上相信馬克思主義的人多起來。

三是在人類社會進步史上具有重大意義。我們黨不僅是為人民謀幸福的政黨，也是為世界謀大同的政黨，始終積極參與人類正義事業、為人類發展進步而奮鬥。進入新時代，中華民族偉大復興戰略全局和世界百年未有之大變局深度互動，全球治理體系和國際秩序變革加速推進，世界和平與發展面臨一系列重大挑戰。在這種複雜形勢下，世界向何處去，成為擺在各國面前的一道時代課題，我們黨從理論到實踐作出正確回答，那就是：走和平發展道路、推動構建人類命運共同體。新時代中國的發展道路，為解決人類問題貢獻了中國智慧和中國方案。中國的國際地位達到歷史新高，世界對中國的關注從未像今天這樣廣泛、深切、聚焦，中國對世界的影響也從未像今天這樣全面、深刻、長遠。從這樣一個認識高度把握新時代的偉大歷史意義，就能推動全黨樹立世界眼光、放眼全球、胸懷天下，領導全國各族人民實行更高水平的對外開放，扎扎實實把我們自己的事情做實做好，創造條件多做合作共贏的事情，不斷提高為世界作貢獻的能力。

黨的二十大報告指出：走過百年奮鬥歷程的中國共產黨在革命性鍛造中更加堅強有力，黨的政治領導力、思想引領力、群眾組織力、社會號召力顯著增強，黨同人民群眾始終保持血肉聯繫，中國共產黨在世界形勢深刻變化的歷史進程中始終走在時代前列，在應對國內外各種風險和考驗的歷史進程中始終成為全國人民的主心骨，在堅持和發展中國特色社會主義的歷史進程中始終成為堅強領導核心。中國人民的前進動力更加強大、奮鬥精神更加昂揚、必勝信念更加堅定，煥發出更為強烈的歷史自覺和主動精神，中國共產黨和中國人民正信心百倍推進中華民族從站起來、富起來到強起來的偉大飛躍。改革開放和社會主義現代化建設深入推進，書寫了經濟快速發展和社會長期穩定兩大奇蹟新篇章，我國發展具備了更為堅實的物質基礎、更為完善的制度保證，實現中華民族偉大復興進入了不可逆轉的歷史進程。科學社會主義在 21 世紀的中國煥發出新的蓬勃生機，中國式現代化為人類實現現代化提供了新的選擇，中國共產黨和中國人民為解決人類面臨的共同問題提供更多更好的中國智慧、中國方案、中國力量，為人類和平與發展崇高事業作出新的更大的貢獻！

第二講

習近平新時代中國特色社會主義思想開闢了馬克思主義中國化時代化新境界

不斷推進馬克思主義中國化時代化

習近平新時代中國特色社會主義思想的主要內容

堅持和發展馬克思主義的基本路徑

習近平新時代中國特色社會主義思想的世界觀和方法論

馬克思主義是我們立黨立國、興黨興國的根本指導思想，是我們黨的靈魂和旗幟。

一、不斷推進馬克思主義中國化時代化

黨的二十大報告指出：實踐告訴我們，中國共產黨為什麼能，中國特色社會主義為什麼好，歸根到底是馬克思主義行，是中國化時代化的馬克思主義行。擁有馬克思主義科學理論指導是我們黨堅定信仰信念、把握歷史主動的根本所在。

理論的生命力在於創新。馬克思主義深刻改變了中國，中國也極大豐富了馬克思主義，使馬克思主義以嶄新面貌展現在世界面前。

黨的 100 多年奮鬥史，就是推進馬克思主義中國化時代化、以理

歸根到底是 "兩個行"

實踐告訴我們 → 中國共產黨為什麼能，中國特色社會主義為什麼好 → 歸根到底是 → 馬克思主義行　中國化時代化的馬克思主義行

論創新指導推動實踐創造的歷史。100多年來，我們黨之所以能夠創造新民主主義革命、社會主義革命和建設、改革開放和社會主義現代化建設、新時代中國特色社會主義的偉大成就，之所以能夠領導人民在一次次求索、一次次挫折、一次次開拓中完成中國其他各種政治力量不可能完成的艱巨任務，根本在於我們黨始終把馬克思主義作為立黨立國、興黨興國的根本指導思想，作為認識世界、把握規律、追求真理、改造世界的強大思想武器，堅持把馬克思主義基本原理同中國具體實際相結合、同中華優秀傳統文化相結合，不斷推進馬克思主義中國化時代化，以創新的理論不斷回答中國之問、世界之問、人民之問、時代之問，成功探索出走向勝利的正確道路。

二、習近平新時代中國特色社會主義思想的主要內容

黨的二十大報告指出：推進馬克思主義中國化時代化是一個追求真理、揭示真理、篤行真理的過程。十八大以來，國內外形勢新變化和實踐新要求，迫切需要我們從理論和實踐的結合上深入回答關係黨和國家事業發展、黨治國理政的一系列重大時代課題。我們黨勇於進行理論探索和創新，以全新的視野深化對共產黨執政規律、社會主義建設規律、人類社會發展規律的認識，取得重大理論創新成果，集中體現為新時代中國特色社會主義思想。

中國特色社會主義進入新時代，以習近平同志為主要代表的中國共產黨人創立了習近平新時代中國特色社會主義思想。習近平新時代中國特色社會主義思想科學回答了一系列重大時代課題，形成了系統全面、邏輯嚴密、內涵豐富、內在統一的科學理論體系，是當代中國馬克思主義、21世紀馬克思主義，是中華文化和中國精神的時代精

華，實現了馬克思主義中國化時代化新的飛躍，為推進中國式現代化提供了強大理論支撐。

對於習近平新時代中國特色社會主義思想的主要內容，黨的二十大報告指出：十九大、十九屆六中全會提出的"十個明確"、"十四個堅持"、"十三個方面成就"概括了這一思想的主要內容，必須長期堅持並不斷豐富發展。

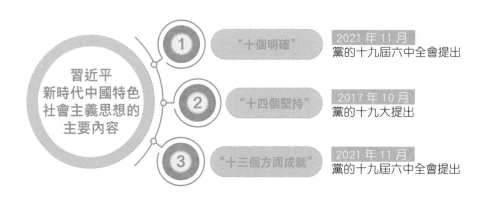

一是"十個明確"。黨的十九屆六中全會通過的《中共中央關於黨的百年奮鬥重大成就和歷史經驗的決議》，以"十個明確"對習近平新時代中國特色社會主義思想的核心內容作了系統概括：明確中國特色社會主義最本質的特徵是中國共產黨領導，中國特色社會主義制度的最大優勢是中國共產黨領導，中國共產黨是最高政治領導力量，全黨必須增強"四個意識"、堅定"四個自信"、做到"兩個維護；明確堅持和發展中國特色社會主義，總任務是實現社會主義現代化和中華民族偉大復興，在全面建成小康社會的基礎上，分兩步走在本世紀中葉建成富強民主文明和諧美麗的社會主義現代化強國，以中國式現代化推進中華民族偉大復興；明確新時代我國社會主要矛盾是人民日益增長的美好生活需要和不平衡不充分的發展之間的矛盾，必須堅持以人民為中心的發展思想，發展全過程人民民主，推動人的全面發

展、全體人民共同富裕取得更為明顯的實質性進展；明確中國特色社會主義事業總體佈局是經濟建設、政治建設、文化建設、社會建設、生態文明建設五位一體，戰略佈局是全面建設社會主義現代化國家、全面深化改革、全面依法治國、全面從嚴治黨四個全面；明確全面深化改革總目標是完善和發展中國特色社會主義制度、推進國家治理體系和治理能力現代化；明確全面推進依法治國總目標是建設中國特色社會主義法治體系、建設社會主義法治國家；明確必須堅持和完善社會主義基本經濟制度，使市場在資源配置中起決定性作用，更好發揮政府作用，把握新發展階段，貫徹創新、協調、綠色、開放、共享的新發展理念，加快構建以國內大循環為主體、國內國際雙循環相互促進的新發展格局，推動高質量發展，統籌發展和安全；明確黨在新

 深閱讀

　　一個民族要走在時代前列，就一刻不能沒有理論思維，一刻不能沒有正確思想指引。黨的十八大以來，習近平總書記以馬克思主義政治家、思想家、戰略家的非凡理論勇氣、卓越政治智慧、強烈使命擔當，對關係新時代黨和國家事業發展的一系列重大理論和重大實踐問題進行了深邃思考和科學判斷，形成了習近平新時代中國特色社會主義思想這一當代中國馬克思主義、21 世紀馬克思主義。習近平新時代中國特色社會主義思想是中華文化和中國精神的時代精華，指引我們在非凡 10 年中取得歷史性成就、實現歷史性變革，也必將指引我們在奮進新征程上奪取新的更大勝利。

　　（摘編自《深刻領會習近平新時代中國特色社會主義思想的道理學理哲理》，央視網，2022 年 10 月 19 日）

時代的強軍目標是建設一支聽黨指揮、能打勝仗、作風優良的人民軍隊，把人民軍隊建設成為世界一流軍隊；明確中國特色大國外交要服務民族復興、促進人類進步，推動建設新型國際關係，推動構建人類命運共同體；明確全面從嚴治黨的戰略方針，提出新時代黨的建設總要求，全面推進黨的政治建設、思想建設、組織建設、作風建設、紀律建設，把制度建設貫穿其中，深入推進反腐敗鬥爭，落實管黨治黨政治責任，以偉大自我革命引領偉大社會革命。

二是"十四個堅持"。黨的十九大報告提出了新時代中國特色社會主義基本方略，並將其概括為"十四個堅持"：堅持黨對一切工作的領導，堅持以人民為中心，堅持全面深化改革，堅持新發展理念，堅持人民當家作主，堅持全面依法治國，堅持社會主義核心價值體系，堅持在發展中保障和改善民生，堅持人與自然和諧共生，堅持總體國家安全觀，堅持黨對人民軍隊的絕對領導，堅持"一國兩制"和推進祖國統一，堅持推動構建人類命運共同體，堅持全面從嚴治黨。

三是"十三個方面成就"。黨的十九屆六中全會對新時代取得的巨大成就從以下 13 個方面進行了總結：在堅持黨的全面領導上、在全面從嚴治黨上、在經濟建設上、在全面深化改革開放上、在政治建設上、在全面依法治國上、在文化建設上、在社會建設上、在生態文明建設上、在國防和軍隊建設上、在維護國家安全上、在堅持"一國兩制"和推進祖國統一上、在外交工作上。

三、堅持和發展馬克思主義的基本路徑

黨的二十大報告指出：中國共產黨人深刻認識到，只有把馬克思主義基本原理同中國具體實際相結合、同中華優秀傳統文化相結合，堅持運用辯證唯物主義和歷史唯物主義，才能正確回答時代和實踐提出的重大問題，才能始終保持馬克思主義的蓬勃生機和旺盛活力。

實踐發展永無止境，推進馬克思主義中國化時代化也永無止境。要使馬克思主義不斷發揮實踐偉力、不斷煥發出新的生機活力，就不能搞教條主義，不能墨守成規，必須堅持把馬克思主義基本原理同中國具體實際相結合、同中華優秀傳統文化相結合，用馬克思主義觀察時代、把握時代、引領時代，在鮮活、生動的實踐中思考解決現實問題之道，與時俱進豐富馬克思主義，繼續發展當代中國馬克思主義、21世紀馬克思主義，不斷譜寫馬克思主義中國化時代化新篇章。

黨的二十大報告把堅持和發展馬克思主義的基本路徑概括為"兩個結合"。

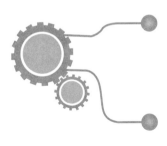

堅持和發展馬克思主義的基本路徑——"兩個結合"

必須同中國具體實際相結合，不斷回答中國之問、世界之問、人民之問、時代之問

必須同中華優秀傳統文化相結合，不斷賦予科學理論鮮明的中國特色，不斷夯實馬克思主義中國化時代化的歷史基礎和群眾基礎

一是堅持和發展馬克思主義，必須同中國具體實際相結合。黨的二十大報告指出：我們堅持以馬克思主義為指導，是要運用其科學的世界觀和方法論解決中國的問題，而不是要背誦和重複其具體結論和詞句，更不能把馬克思主義當成一成不變的教條。我們必須堅持解放思想、實事求是、與時俱進、求真務實，一切從實際出發，著眼解決新時代改革開放和社會主義現代化建設的實際問題，不斷回答中國之問、世界之問、人民之問、時代之問，作出符合中國實際和時代要求

的正確回答，得出符合客觀規律的科學認識，形成與時俱進的理論成果，更好指導中國實踐。

中國具體實際是馬克思主義中國化的豐厚土壤。中國革命、建設和改革為馬克思主義的豐富和發展提供了強大支撐，馬克思主義中國化時代化必須堅持與中國具體實際相結合，不斷適應中國特色社會主義實踐的新情況、總結中國特色社會主義實踐的新成果，並利用這些理論成果更好地指導中國實踐。

二是堅持和發展馬克思主義，必須同中華優秀傳統文化相結合。黨的二十大報告指出：只有植根本國、本民族歷史文化沃土，馬克思主義真理之樹才能根深葉茂。中華優秀傳統文化源遠流長、博大精深，是中華文明的智慧結晶，其中蘊含的天下為公、民為邦本、為政

🎙 延伸問答

問：馬克思主義傳入中國後，為什麼能在各種思潮的激蕩競爭中被中國人民所選擇？

答：這不是偶然的，很重要的原因是科學社會主義價值觀主張同中華優秀傳統文化具有高度契合性。我們黨在推進馬克思主義中國化時代化的歷史進程中，以馬克思主義真理力量激活了源遠流長的中華文明，使中華文明再次煥發出蓬勃的生機與活力。同時，中華優秀傳統文化也使馬克思主義獲得豐富的文化滋養，中國化馬克思主義具有鮮明的中國風格、中國氣派。馬克思主義同中華優秀傳統文化相結合必將使我們黨的理論與中華民族 5,000 多年輝煌燦爛的文明更緊密地結合起來，獲得無比充沛的思想文化資源，也必將使我們黨的理論更深地扎根於中國的土地上，扎根於億萬人民的心中。

以德、革故鼎新、任人唯賢、天人合一、自強不息、厚德載物、講信修睦、親仁善鄰等，是中國人民在長期生產生活中積累的宇宙觀、天下觀、社會觀、道德觀的重要體現，同科學社會主義價值觀主張具有高度契合性。我們必須堅定歷史自信、文化自信，堅持古為今用、推陳出新，把馬克思主義思想精髓同中華優秀傳統文化精華貫通起來、同人民群眾日用而不覺的共同價值觀念融通起來，不斷賦予科學理論鮮明的中國特色，不斷夯實馬克思主義中國化時代化的歷史基礎和群眾基礎，讓馬克思主義在中國牢牢扎根。

中國化馬克思主義離不開中國 5,000 多年的悠久文明，中華優秀傳統文化價值觀同馬克思主義的基本理論具有很多相通相合之處，只有把馬克思主義的基本立場觀點方法同中華優秀傳統文化相結合，才能創造出適合中國人民精神特點和實踐要求的中國化時代化的馬克思主義，才能使馬克思主義在中國結出豐碩果實。

四、習近平新時代中國特色社會主義思想的
世界觀和方法論

黨的二十大報告指出：實踐沒有止境，理論創新也沒有止境。不斷譜寫馬克思主義中國化時代化新篇章，是當代中國共產黨人的莊嚴歷史責任。繼續推進實踐基礎上的理論創新，首先要把握好新時代中國特色社會主義思想的世界觀和方法論，堅持好、運用好貫穿其中的立場觀點方法。

習近平新時代中國特色社會主義思想的世界觀和方法論，是這一思想的靈魂和精髓。掌握好這些世界觀和方法論，才能更加深刻準確全面理解習近平新時代中國特色社會主義思想，才能更好地運用這一思想把握發展規律、謀劃事業藍圖、應對風險挑戰。

習近平新時代中國特色社會主義思想的世界觀和方法論：“六個必須堅持”

> 必須堅持人民至上

> 必須堅持自信自立

> 必須堅持守正創新

> 必須堅持問題導向

> 必須堅持系統觀念

> 必須堅持胸懷天下

　　黨的二十大報告把習近平新時代中國特色社會主義思想的世界觀和方法論概括為以下“六個必須堅持”。

　　一是必須堅持人民至上。黨的二十大報告指出：人民性是馬克思主義的本質屬性，黨的理論是來自人民、為了人民、造福人民的理論，人民的創造性實踐是理論創新的不竭源泉。一切脫離人民的理論都是蒼白無力的，一切不為人民造福的理論都是沒有生命力的。我們要站穩人民立場、把握人民願望、尊重人民創造、集中人民智慧，形成為人民所喜愛、所認同、所擁有的理論，使之成為指導人民認識世界和改造世界的強大思想武器。

　　要堅持以人民為中心的發展思想，堅持發展為了人民、發展依靠人民、發展成果由人民共享，把促進全體人民共同富裕擺在更加重要的位置，聚焦人民群眾對美好生活的新嚮往新期待，聚焦群眾急難愁盼的問題，用心用情用力解民憂，同人民想在一起、幹在一起，紓民怨、暖民心，增進民生福祉，從人民群眾創造的新經驗新做法中汲取智慧和力量，保持黨同人民群眾的血肉聯繫，腳踏實地，久久為功，努力實現人的全面發展和社會全面進步。

二是必須堅持自信自立。黨的二十大報告指出：中國人民和中華民族從近代以後的深重苦難走向偉大復興的光明前景，從來就沒有教科書，更沒有現成答案。黨的百年奮鬥成功道路是黨領導人民獨立自主探索開闢出來的，馬克思主義的中國篇章是中國共產黨人依靠自身力量實踐出來的，貫穿其中的一個基本點就是中國的問題必須從中國基本國情出發，由中國人自己來解答。我們要堅持對馬克思主義的堅定信仰、對中國特色社會主義的堅定信念，堅定道路自信、理論自信、制度自信、文化自信，以更加積極的歷史擔當和創造精神為發展馬克思主義作出新的貢獻，既不能刻舟求劍、封閉僵化，也不能照抄照搬、食洋不化。

堅持我國社會主義的根本性質，堅持發揮黨的領導這一最大優勢，借鑒古今中外制度建設的有益成果，進一步彰顯我國國家制度和國家治理體系各方面的顯著優越性和巨大生命力，發揮中國特色社會主義制度具有的強大自我完善和自我發展功能。堅持獨立自主、自力更生，堅定鬥爭意志，增強鬥爭本領，堅定不移走自己的路，堅持把國家和民族發展放在自己力量的基點上、把中國發展進步的命運牢牢掌握在自己手中，確保大政方針的穩定性和持續性。以正確的戰略策略應變局、育新機、開新局，更好推動中國特色社會主義事業不斷向前發展，讓中國特色社會主義制度永葆生機活力。

三是必須堅持守正創新。黨的二十大報告指出：我們從事的是前無古人的偉大事業，守正才能不迷失方向、不犯顛覆性錯誤，創新才能把握時代、引領時代。我們要以科學的態度對待科學、以真理的精神追求真理，堅持馬克思主義基本原理不動搖，堅持黨的全面領導不動搖，堅持中國特色社會主義不動搖，緊跟時代步伐，順應實踐發展，以滿腔熱忱對待一切新生事物，不斷拓展認識的廣度和深度，敢於説前人沒有説過的新話，敢於幹前人沒有幹過的事情，以新的理論

　　守正創新充分揭示出馬克思主義認識世界和改造世界的原則方法。守正創新中的"新"，通過主體守正和有目的的創造而獲得，即合規律性與合目的性相統一的未來事物。因此，守正創新是指向未來、創造未來的認識和實踐活動。就認識而言，守正創新要求主體立足並超越現實，把握事物發展規律，運用創造性思維，預見事物諸多可能性並對其進行價值認識，進而選擇合乎需要的可能性作為目標，觀念性地創造事物的未來理想形態以及實現理想形態的未來實踐模型。就實踐而言，守正創新是指在科學認識指導下，通過創造性實踐，現實性地改變現存事物，促使事物走向並實現理想的未來結局。

　　（摘編自《深入理解守正創新的豐富內涵》，《中國社會科學報》，2021年4月1日，作者：黃庭滿）

指導新的實踐。

　　堅持解放思想、實事求是、守正創新，更好把堅持馬克思主義和發展馬克思主義統一起來，堅持用馬克思主義之"矢"去射新時代中國之"的"，不斷在實踐中總結新經驗、形成新認識、取得新成果，繼續推進馬克思主義基本原理同中國具體實際相結合、同中華優秀傳統文化相結合，既不走封閉僵化的老路，也不走改旗易幟的邪路，使馬克思主義呈現出更多中國特色、中國風格、中國氣派，在新時代偉大實踐中不斷開闢馬克思主義中國化時代化新境界，續寫馬克思主義中國化時代化新篇章。

　　四是必須堅持問題導向。黨的二十大報告指出：問題是時代的聲音，回答並指導解決問題是理論的根本任務。今天我們所面臨問題的複雜程度、解決問題的艱巨程度明顯加大，給理論創新提出了全新要求。我們要增強問題意識，聚焦實踐遇到的新問題、改革發展穩定存在的深層次問題、人民群眾急難愁盼問題、國際變局中的重大問題、黨的建設面臨的突出問題，不斷提出真正解決問題的新理念新思路新辦法。

深刻認識和準確把握外部環境的深刻變化和我國改革發展穩定面臨的新情況新問題新挑戰，堅持強烈的問題意識、鮮明的問題導向，把主要精力用在發現、分析、破解事業發展中的矛盾和問題上，不斷發現問題、篩選問題、研究問題、解決問題，把解決問題作為前進的動力、創新的起點，在不斷化解問題中開創事業發展的新局面。

五是必須堅持系統觀念。黨的二十大報告指出：萬事萬物是相互聯繫、相互依存的。只有用普遍聯繫的、全面系統的、發展變化的觀點觀察事物，才能把握事物發展規律。我國是一個發展中大國，仍處於社會主義初級階段，正在經歷廣泛而深刻的社會變革，推進改革

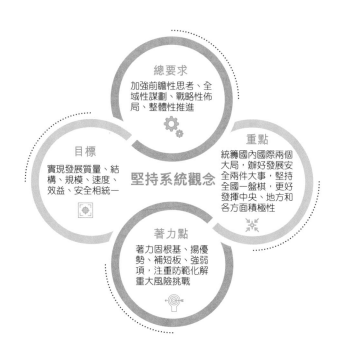

發展、調整利益關係往往牽一髮而動全身。我們要善於通過歷史看現實、透過現象看本質，把握好全局和局部、當前和長遠、宏觀和微觀、主要矛盾和次要矛盾、特殊和一般的關係，不斷提高戰略思維、歷史思維、辯證思維、系統思維、創新思維、法治思維、底線思維能力，為前瞻性思考、全局性謀劃、整體性推進黨和國家各項事業提供科學思想方法。

用系統觀念統籌中華民族偉大復興戰略全局和世界百年未有之大變局，樹立正確的歷史觀、大局觀、角色觀，深刻認識我國社會主要矛盾變化帶來的新特徵新要求，深刻認識錯綜複雜的國際環境帶來的新矛盾新挑戰，從歷史邏輯、實踐邏輯、理論邏輯相結合的高度把握歷史規律、認識歷史趨勢、引領歷史潮流，用發展而不是靜止、全面而不是片面、系統而不是零散、聯繫而不是孤立的視角去認識問題、解決問題，把謀事和謀勢、謀當下和謀未來統一起來，不斷增強工作的系統性、預見性、創造性。

六是必須堅持胸懷天下。黨的二十大報告指出：中國共產黨是為中國人民謀幸福、為中華民族謀復興的黨，也是為人類謀進步、為世界謀大同的黨。我們要拓展世界眼光，深刻洞察人類發展進步潮流，積極回應各國人民普遍關切，為解決人類面臨的共同問題作出貢獻，以海納百川的寬闊胸襟借鑒吸收人類一切優秀文明成果，推動建設更加美好的世界。

堅持求同存異、聚同化異，堅持對話而不對抗、拆牆而不築牆、融合而不脫鈎、包容而不排他，推動建設相互尊重、公平正義、合作共贏的新型國際關係，為破解人類共同挑戰開拓新思路、探索新路徑，為推動世界持久和平發展、繁榮進步提供思想啟迪。

第三講

新時代新征程
中國共產黨的使命任務

黨的二十大報告繼黨的十九屆五中全會審議通過《中共中央關於制定國民經濟和社會發展第十四個五年規劃和二〇三五年遠景目標的建議》之後，又一次全面詳細論述了中國式現代化的中國特色，首次提出了中國式現代化的本質要求和需要堅持的重大原則。

一、新時代黨的中心任務

黨的二十大報告明確提出了新時代新征程黨的中心任務，即"兩個全面"：團結帶領全國各族人民全面建成社會主義現代化強國、實現第二個百年奮鬥目標，以中國式現代化全面推進中華民族偉大復興。黨的歷史使命是實現中華民族偉大復興，黨的中心任務和黨的歷史使命既相互統一，又有所區別。黨的中心任務是階段性的，其時間跨度為黨的二十大到本世紀中葉，而黨的歷史使命是黨在長時期歷史過程中需要長期堅持的。

現代化是一個世界性潮流，實現現代化是各國人民的共同嚮往，也是世界各國的普遍追求。現代政黨的執政能力、領導水平，集中而鮮明地體現在其領導現代化進程的能力和水平上。

中國共產黨團結帶領 14 億多中國人民在中國式現代化新道路上闊步前進，將從根本上扭轉中華民族的歷史命運，深刻影響世界現代化進程，對於實現中華民族偉大復興，對於推動人類文明進步，都具有重大而深遠的意義。

全面建設社會主義現代化國家的新征程已經開啟，中國式現代化道路愈走愈寬廣，只要我們堅持和加強黨的全面領導，堅持以習近平新時代中國特色社會主義思想為指導，以更加昂揚的姿態奮進新征程、建功新時代，就一定能創造中國式現代化新的更大奇蹟，為人類作出新的更大貢獻，譜寫全面建設社會主義現代化國家嶄新篇章。

二、中國式現代化的中國特色

黨的二十大報告指出：在新中國成立特別是改革開放以來長期探索和實踐基礎上，經過十八大以來在理論和實踐上的創新突破，我們黨成功推進和拓展了中國式現代化。

中國共產黨把實現現代化作為念茲在茲的歷史宏願。新中國成立以後，黨帶領全國各族人民對中國現代化建設進行了艱辛探索。1954年 9 月，周恩來在一屆全國人大一次會議上所作的《政府工作報告》中就明確指出：“如果我們不建設起強大的現代化的工業、現代化的農業、現代化的交通運輸業和現代化的國防，我們就不能擺脫落後和貧困，我們的革命就不能達到目的。” 1964 年 12 月，周恩來在三屆全國人大一次會議上所作的《政府工作報告》中再次提出：“從第三個五年計劃開始，我國的國民經濟發展，可以按兩步來考慮：第一步，建立一個獨立的比較完整的工業體系和國民經濟體系；第二步，全面實現農業、工業、國防和科學技術的現代化，使我國經濟走在世界的前列。”

改革開放後，鄧小平強調：“我們從八十年代的第一年開始，就必須一天也不耽誤，專心致志地、聚精會神地搞四個現代化建設。”他提出了 “三步走” 戰略，即到 20 世紀 80 年代末解決人民溫飽問題，到 20 世紀末使人民生活達到小康水平，到 21 世紀中葉基本實現現代化，達到中等發達國家水平。此後，黨的十八大又提出，在中國共產黨成立 100 年時全面建成小康社會，在新中國成立 100 年時建成富強民主文明和諧的社會主義現代化國家。黨的十九大站在新的更高的歷史起點上，對實現第二個百年奮鬥目標作出分兩個階段推進的戰略安排，提出到 2035 年基本實現社會主義現代化，到本世紀中葉全

黨領導人民成功走出中國式現代化道路

把我國建設成為一個具有現代農業、現代工業、現代國防和現代科學技術的社會主義強國

1964年提出"四個現代化"

把實現"小康社會"作為階段性目標，到21世紀中葉，基本實現現代化

1987年提出"三步走"戰略安排

1997年提出"新三步走"發展戰略

以2010年、中國共產黨成立100年和新中國成立100年為時間節點的"新三步走"發展戰略，到21世紀中葉新中國成立100年時，基本實現現代化，建成富強民主文明的社會主義國家

2002年提出全面建設小康社會的奮鬥目標

2017年提出"兩個階段"戰略安排

2022年提出"兩步走"戰略安排

到本世紀中葉基本實現現代化，把我國建成富強民主文明的社會主義國家

到2035年基本實現社會主義現代化，到本世紀中葉把我國建成富強民主文明和諧美麗的社會主義現代化強國

再次明確到2035年基本實現社會主義現代化，到本世紀中葉把我國建成富強民主文明和諧美麗的社會主義現代化強國

面建成富強民主文明和諧美麗的社會主義現代化強國。

我國建設的社會主義現代化具有許多新的重要特徵。鄧小平指出：“我們搞的現代化，是中國式的現代化。我們建設的社會主義，是有中國特色的社會主義。”世界上既不存在定於一尊的現代化模式，也不存在放之四海而皆準的現代化標準。多年來，我們黨帶領全國各族人民推動物質文明、政治文明、精神文明、社會文明、生態文明協調發展，創造了中國式現代化道路，創造了人類文明新形態。中國式現代化道路的形成和拓展，彰顯了中國特色社會主義的強大生命力和巨大優越性，開闢了發展中國家走向現代化的新途徑。中國式現代化既切合中國實際，體現了社會主義建設規律，也符合世界發展趨勢，體現了人類社會發展的普遍規律。在中國式現代化道路上，我國用幾十年時間走完了發達國家幾百年走過的工業化歷程，中華民族迎來了從站起來、富起來到強起來的偉大飛躍。

黨的二十大報告指出：中國式現代化，是中國共產黨領導的社會主義現代化，既有各國現代化的共同特徵，更有基於自己國情的中國特色。它具有以下5個方面的鮮明特徵。

第一，中國式現代化是人口規模巨大的現代化。黨的二十大報告指出：我國14億多人口整體邁進現代化社會，規模超過現有發達國家人口的總和，艱巨性和複雜性前所未有，發展途徑和推進方式也必然具有自己的特點。我們始終從國情出發想問題、作決策、辦事情，既不好高騖遠，也不因循守舊，保持歷史耐心，堅持穩中求進、循序漸進、持續推進。

我國總人口比世界上發達國家和地區的總人口還要多，14億多人口整體邁進現代化社會，其發展任務之重、協調難度之大、潛在優勢之強前所未有。我國整體邁入現代化社會，將徹底改寫現代化的世界版圖，成為人類歷史上一件有深遠影響的大事。

第二，中國式現代化是全體人民共同富裕的現代化。黨的二十大報告指出：共同富裕是中國特色社會主義的本質要求，也是一個長期的歷史過程。我們堅持把實現人民對美好生活的嚮往作為現代化建設的出發點和落腳點，著力維護和促進社會公平正義，著力促進全體人民共同富裕，堅決防止兩極分化。

貧富差距過大是阻礙各國現代化發展的重要因素，如何在發展中縮小貧富差距是一個世界性難題。全面建設社會主義現代化國家，一個地區、一個民族都不能落下。中國式現代化堅持以人民為中心的發展思想，堅持人民主體地位，尊重人民首創精神，堅持發展為了人民、發展依靠人民、發展成果由人民共享，扎實推動共同富裕。通過全國人民共同奮鬥把"蛋糕"做大做好，通過合理的制度安排把"蛋糕"切好分好，自覺主動解決地區差距、城鄉差距、收入分配差距，使現代化進程具有了強勁的內驅力。

第三，中國式現代化是物質文明和精神文明相協調的現代化。黨的二十大報告指出：物質富足、精神富有是社會主義現代化的根本要求。物質貧困不是社會主義，精神貧乏也不是社會主義。我們不斷厚

 權威評論

林建華（中國社會科學院馬克思主義研究院副院長、教授）：實現中華民族偉大復興，在寬廣的世界視野中，就是使中華民族重現曾經擁有的輝煌，屹立於世界民族之林、引領時代浩蕩潮流；在悠遠的歷史視野中，就是使中華民族重新形塑自己的面貌。全面建設社會主義現代化國家、實現中華民族偉大復興與中國式現代化緊密相連。中國式現代化是中國共產黨領導的社會主義現代化，是全面建設社會主義現代化國家、實現中華民族偉大復興的新途和正道，是必由之路和康莊大道。

植現代化的物質基礎，不斷夯實人民幸福生活的物質條件，同時大力發展社會主義先進文化，加強理想信念教育，傳承中華文明，促進物的全面豐富和人的全面發展。

中國式現代化堅持弘揚社會主義核心價值觀，加強理想信念教育，用中華優秀傳統文化、革命文化、社會主義先進文化培根鑄魂、啟智潤心，推進文明實踐、文明培育、文明創建，不斷提升人民思想覺悟、道德水準、文明素養，更好構築中國精神、中國價值、中國力量，促進人民物質生活和精神生活共同富裕。

第四，中國式現代化是人與自然和諧共生的現代化。黨的二十大報告指出：人與自然是生命共同體，無止境地向自然索取甚至破壞自然必然會遭到大自然的報復。我們堅持可持續發展，堅持節約優先、保護優先、自然恢復為主的方針，像保護眼睛一樣保護自然和生態環境，堅定不移走生產發展、生活富裕、生態良好的文明發展道路，實現中華民族永續發展。

中國式現代化注重同步推進物質文明建設和生態文明建設，尊重自然、順應自然、保護自然，加快發展方式綠色轉型，提升生態系統多樣性、穩定性、持續性，走一條生產發展、生活富裕、生態良好的文明發展道路，既創造更多物質財富和精神財富以滿足人民日益增長的美好生活需要，也提供更多優質生態產品以滿足人民日益增長的優美生態環境需要，讓良好生態造福人民、澤被子孫。

第五，中國式現代化是走和平發展道路的現代化。黨的二十大報告指出：我國不走一些國家通過戰爭、殖民、掠奪等方式實現現代化的老路，那種損人利己、充滿血腥罪惡的老路給廣大發展中國家人民帶來深重苦難。我們堅定站在歷史正確的一邊、站在人類文明進步的一邊，高舉和平、發展、合作、共贏旗幟，在堅定維護世界和平與發展中謀求自身發展，又以自身發展更好維護世界和平與發展。

一些老牌資本主義國家走的是暴力掠奪的現代化道路，是以犧牲其他國家利益為代價的現代化。與"弱肉強食"式的西方現代化不同，中國式現代化，從不輸出殖民、戰爭和衝突，完全以和平、合作與共贏方式推進。中國式現代化秉持共商共建共享理念，強調同世界各國互利共贏，弘揚和平、發展、公平、正義、民主、自由的全人類共同價值，積極推動構建人類命運共同體，在發展自身的同時造福世界，不斷為世界和平與發展注入強大正能量，在平等參與、包容普惠中創造發展新機遇、謀求發展新動力，始終做世界和平的建設者、全球發展的貢獻者、國際秩序的維護者、公共產品的提供者，努力為人類和平與發展作出貢獻。

三、中國式現代化的本質要求

黨的二十大報告指出：中國式現代化的本質要求是：堅持中國共產黨領導，堅持中國特色社會主義，實現高質量發展，發展全過程人民民主，豐富人民精神世界，實現全體人民共同富裕，促進人與自然

中國式現代化的本質要求

- ✓ 堅持中國共產黨領導
- ✓ 堅持中國特色社會主義
- ✓ 實現高質量發展
- ✓ 發展全過程人民民主
- ✓ 豐富人民精神世界

- ✓ 實現全體人民共同富裕
- ✓ 促進人與自然和諧共生
- ✓ 推動構建人類命運共同體
- ✓ 創造人類文明新形態

和諧共生，推動構建人類命運共同體，創造人類文明新形態。

中國式現代化本質要求的概括提出，是中國特色社會主義理論的重大創新。本質要求的內容聯繫緊密、內在貫通，蘊含了我們黨治國理政的成功經驗，是推進中國式現代化的根本遵循。以這一重要創新理論為指導，中國式現代化的戰略方向更加明確、戰略目標更加完善、戰略步驟更加科學、戰略路徑更加清晰、戰略規劃更加完備。

四、全面建成社會主義現代化強國的戰略安排

（一）2035 年的目標任務

黨的二十大報告指出：全面建成社會主義現代化強國，總的戰略安排是分兩步走：從 2020 年到 2035 年基本實現社會主義現代化；從 2035 年到本世紀中葉把我國建成富強民主文明和諧美麗的社會主義現代化強國。

到 2035 年，我國發展的總體目標是：經濟實力、科技實力、綜合國力大幅躍升，人均國內生產總值邁上新的大台階，達到中等發達國家水平；實現高水平科技自立自強，進入創新型國家前列；建成現代化經濟體系，形成新發展格局，基本實現新型工業化、信息化、城鎮化、農業現代化；基本實現國家治理體系和治理能力現代化，全過程人民民主制度更加健全，基本建成法治國家、法治政府、法治社會；建成教育強國、科技強國、人才強國、文化強國、體育強國、健康中國，國家文化軟實力顯著增強；人民生活更加幸福美好，居民人均可支配收入再上新台階，中等收入群體比重明顯提高，基本公共服務實現均等化，農村基本具備現代生活條件，社會保持長期穩定，人的全面發展、全體人民共同富裕取得更為明顯的實質性進展；廣泛形

成綠色生產生活方式，碳排放達峰後穩中有降，生態環境根本好轉，美麗中國目標基本實現；國家安全體系和能力全面加強，基本實現國防和軍隊現代化。

在基本實現現代化的基礎上，我們要繼續奮鬥，到本世紀中葉，把我國建設成為綜合國力和國際影響力領先的社會主義現代化強國。

這一"兩步走"戰略安排是黨的十九大首次提出的。黨的十九大報告對實現第二個百年奮鬥目標作出上述分兩個階段推進的戰略安排。對第一階段即到 2035 年的目標任務，黨的十九大報告和黨的十九屆五中全會通過的"十四五"規劃建議都分別作了詳細描述，黨的二十大報告又在此基礎上作了進一步充實和完善。

（二）未來 5 年的目標任務

黨的二十大報告指出：未來 5 年是全面建設社會主義現代化國家開局起步的關鍵時期，主要目標任務是：經濟高質量發展取得新突破，科技自立自強能力顯著提升，構建新發展格局和建設現代化經濟體系取得重大進展；改革開放邁出新步伐，國家治理體系和治理能力現代化深入推進，社會主義市場經濟體制更加完善，更高水平開放型經濟新體制基本形成；全過程人民民主制度化、規範化、程序化水平進一步提高，中國特色社會主義法治體系更加完善；人民精神文化生活更加豐富，中華民族凝聚力和中華文化影響力不斷增強；居民收入增長和經濟增長基本同步，勞動報酬提高與勞動生產率提高基本同步，基本公共服務均等化水平明顯提升，多層次社會保障體系更加健全；城鄉人居環境明顯改善，美麗中國建設成效顯著；國家安全更為鞏固，建軍 100 年奮鬥目標如期實現，平安中國建設扎實推進；中國國際地位和影響進一步提高，在全球治理中發揮更大作用。

五、中國式現代化必須堅持的重大原則

　　黨的二十大報告指出：全面建設社會主義現代化國家，是一項偉大而艱巨的事業，前途光明，任重道遠。

　　國際方面，黨的二十大報告指出：當前，世界百年未有之大變局加速演進，新一輪科技革命和產業變革深入發展，國際力量對比深刻調整，我國發展面臨新的戰略機遇。同時，世紀疫情影響深遠，逆全球化思潮抬頭，單邊主義、保護主義明顯上升，世界經濟復蘇乏力，局部衝突和動蕩頻發，全球性問題加劇，世界進入新的動蕩變革期。

　　國際形勢的不穩定性不確定性明顯增加。經濟全球化遭遇逆流，國際經濟、科技、文化、安全、政治等格局都在發生深刻複雜變化，民粹主義、排外主義抬頭，單邊主義、保護主義、霸權主義對世界和平與發展構成威脅。

　　國內方面，黨的二十大報告指出：我國改革發展穩定面臨不少深層次矛盾躲不開、繞不過，黨的建設特別是黨風廉政建設和反腐敗鬥爭面臨不少頑固性、多發性問題，來自外部的打壓遏制隨時可能升級。我國發展進入戰略機遇和風險挑戰並存、不確定難預料因素增多的時期，各種"黑天鵝"、"灰犀牛"事件隨時可能發生。

　　我國發展不平衡不充分問題仍然突出，各地區各領域各方面發展存在失衡現象，全面建成社會主義現代化強國還有相當長的路要走。農業基礎還不穩固，創新能力不適應高質量發展要求，城鄉區域發展和收入分配差距較大，生態環保任重道遠，民生保障存在短板，社會治理還有弱項，黨的建設還需深入扎實推進。

　　為此，黨的二十大報告指出：我們必須增強憂患意識，堅持底線思維，做到居安思危、未雨綢繆，準備經受風高浪急甚至驚濤駭浪的重大考驗。前進道路上，必須牢牢把握以下重大原則。

一是堅持和加強黨的全面領導。黨的二十大報告指出：堅決維護黨中央權威和集中統一領導，把黨的領導落實到黨和國家事業各領域各方面各環節，使黨始終成為風雨來襲時全體人民最可靠的主心骨，確保我國社會主義現代化建設正確方向，確保擁有團結奮鬥的強大政治凝聚力、發展自信心，集聚起萬眾一心、共克時艱的磅礴力量。

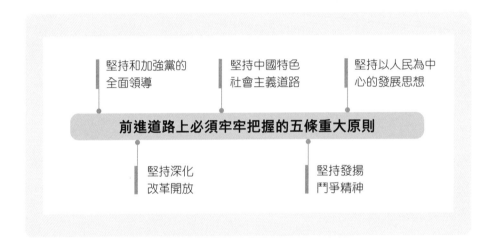

中國共產黨領導是中國特色社會主義最本質的特徵，是中國特色社會主義制度的最大優勢，是黨和國家的根本所在、命脈所在，是全國各族人民的利益所繫、命運所繫。中國特色社會主義制度是一個嚴密完整的科學制度體系，起四樑八柱作用的是根本制度、基本制度、重要制度，黨的領導制度具有統領地位，是我國的根本領導制度。黨政軍民學，東西南北中，黨是領導一切的，是最高政治領導力量。中國式現代化道路必須堅持黨的全面領導，不斷完善黨的領導，充分發揮黨總攬全局、協調各方的領導核心作用。黨的領導必須是全面的、系統的、整體的，把黨的領導落實到現代化建設的各領域各方面各環節，著力提高黨把方向、謀大局、定政策、促改革的能力和定力。

二是堅持中國特色社會主義道路。黨的二十大報告指出：堅持以經濟建設為中心，堅持四項基本原則，堅持改革開放，堅持獨立自主、自力更生，堅持道不變、志不改，既不走封閉僵化的老路，也不走改旗易幟的邪路，堅持把國家和民族發展放在自己力量的基點上，堅持把中國發展進步的命運牢牢掌握在自己手中。

走自己的路，是中國共產黨的全部理論和實踐的根本立足點，更是黨在百年奮鬥歷程中得出的寶貴歷史經驗。縱觀世界歷史發展的進程，沒有哪一個國家、哪一個民族是通過完全照搬外國發展模式而發展壯大的。中國式現代化根植於中國特色社會主義道路，依靠中國人民、扎根中華大地，是中國實現社會主義現代化的必由之路。歷史和實踐已經證明，中國共產黨領導中國人民不僅創造了世所罕見的經濟快速發展和社會長期穩定兩大奇蹟，而且成功探索形成了中國式現代化道路，實現了前無古人的歷史性創舉。中國式現代化道路摒棄了西方以資本為中心的發展理念、兩極分化的發展模式、對外掠奪的發展手段，為廣大發展中國家拓展了實現現代化的途徑，為人類構建更加美好的社會制度貢獻了中國智慧和中國方案。無論遇到任何外部風浪，在堅持中國特色社會主義道路這個根本問題上都決不能有絲毫動搖，更不能改弦更張，必須一以貫之。中國特色社會主義道路是當代中國發展的唯一康莊大道，中國人民在自己選擇的正確道路上堅定向前，就一定能夠全面建成富強民主文明和諧美麗的社會主義現代化強國。

三是堅持以人民為中心的發展思想。黨的二十大報告指出：維護人民根本利益，增進民生福祉，不斷實現發展為了人民、發展依靠人民、發展成果由人民共享，讓現代化建設成果更多更公平惠及全體人民。

毛澤東曾經指出：“共產黨人的一切言論行動，必須以合乎最廣大人民群眾的最大利益，為最廣大人民群眾所擁護為最高標準。”我們黨沒有自己特殊的利益，黨的一切奮鬥都是為了人民的利益。立黨

十年來，人民群眾對美好生活的嚮往變成了現實

城鎮新增就業

👥👥👥👥👥👥👥
👥👥👥👥👥👥👥

年均超過1,300萬人

居民人均可支配收入

2021年	3.51萬元
2012年	1.65萬元

2021年，農村居民人均可支配收入較2012年翻了一番多

城市
2.50
鄉村

城鄉居民人均可支配收入之比顯著縮小，比2012年下降0.38

中等收入群體規模超過4億多人

更充裕的收入，更可靠的社會保障帶來了更加美好的生活

數據來源：國家統計局

為公、執政為民，是我們黨性質、宗旨和初心使命的本質體現。100多年來，中國共產黨恪守為中國人民謀幸福的初心，把實現現代化作為自己的使命擔當，把以人民為中心貫穿中國式現代化全過程。改革開放初期，為了不斷滿足人民日益增長的物質文化生活需要，鄧小平用"小康"來詮釋中國式現代化，明確建設小康社會的目標。伴隨中國式現代化的推進，"小康社會"內涵不斷豐富、標準不斷提升。黨的十八大以來，以習近平同志為核心的黨中央帶領全國各族人民完成了全面建成小康社會的歷史性任務，取得舉世矚目的重大勝利，人民群眾從切身經歷中感受到中國式現代化帶來的巨大福祉。2035年和本世紀中葉的發展目標，也都深刻體現了我們黨以人民為中心的發展思想。堅持以人民為中心的發展思想，必將激發起全國人民的巨大奮鬥

精神，凝聚起推進中國式現代化的磅礴偉力。

四是堅持深化改革開放。黨的二十大報告指出：深入推進改革創新，堅定不移擴大開放，著力破解深層次體制機制障礙，不斷彰顯中國特色社會主義制度優勢，不斷增強社會主義現代化建設的動力和活力，把我國制度優勢更好轉化為國家治理效能。

習近平總書記強調：“在整個社會主義現代化進程中，我們都要高舉改革開放的旗幟，決不能有絲毫動搖。”黨的十一屆三中全會以來的歷史充分表明，改革開放是決定實現“兩個一百年”奮鬥目標、實現中華民族偉大復興的關鍵一招。當今世界，百年變局和世紀疫情交互疊加，我國現代化道路上所面臨的形勢環境變化之快、改革發展穩定任務之重、矛盾風險挑戰之多，世所罕見、史所罕見。只有堅定不移推進改革，堅定不移擴大開放，加強國家治理體系和治理能力現代化建設，破解體制障礙、優化資源配置，才能充分調動全社會建設現代化的積極性。一方面，要堅定不移推進改革，以更大的政治勇氣和智慧，更加注重改革的系統性、整體性、協同性，不失時機、蹄疾步穩深化重要領域和關鍵環節改革，提高改革綜合效能；另一方面，要堅定不移擴大開放，在開放中創造機遇，在合作中破解難題，同世界各國一道實現互利共贏，為全面建設社會主義現代化國家新征程注入不竭動力。與時俱進完善和發展中國特色社會主義制度和國家治理體系，推動“中國之治”邁向更高境界。

五是堅持發揚鬥爭精神。黨的二十大報告指出：增強全黨全國各族人民的志氣、骨氣、底氣，不信邪、不怕鬼、不怕壓，知難而進、迎難而上，統籌發展和安全，全力戰勝前進道路上各種困難和挑戰，依靠頑強鬥爭打開事業發展新天地。

習近平總書記強調：“新的征程上，我們面臨的風險考驗只會愈來愈複雜，甚至會遇到難以想像的驚濤駭浪。我們面臨的各種鬥爭不是短期的而是長期的，將伴隨實現第二個百年奮鬥目標全過程。”“船

堅持發揚鬥爭精神	牢牢把握正確鬥爭方向、立場、原則
	敢於鬥爭，善於鬥爭
	注重策略方法，講求鬥爭藝術
	加強鬥爭歷練，提高鬥爭本領

到中流浪更急，人到半山路更陡"，在未來的現代化道路上，我們黨要團結帶領人民有效抵禦重大風險、應對重大挑戰、解決重大矛盾、克服重大阻力，必須進行具有許多新的歷史特點的偉大鬥爭。敢於鬥爭、敢於勝利，是黨和人民不可戰勝的強大精神力量。100多年來黨取得的一切成就，不是天上掉下來的，不是別人恩賜的，而是通過不斷鬥爭取得的。邁上全面建設社會主義現代化國家新征程，必須永葆不畏強敵、不懼風險、敢於鬥爭、勇於勝利的風骨和品質。面對現代化道路上的困難和阻力、風險和挑戰，既不能遮掩逃避、視而不見，也不能惶恐失措、陣腳大亂，唯有主動迎戰、堅決鬥爭才能破浪前行、贏得發展。

黨的二十大報告指出：今天，我們比歷史上任何時期都更接近、更有信心和能力實現中華民族偉大復興的目標，同時必須準備付出更為艱巨、更為艱苦的努力。全黨必須堅定信心、銳意進取，主動識變應變求變，主動防範化解風險，不斷奪取全面建設社會主義現代化國家新勝利！

第四講

加快構建新發展格局，
著力推動高質量發展

黨的二十大報告指出：高質量發展是全面建設社會主義現代化國家的首要任務。發展是黨執政興國的第一要務。沒有堅實的物質技術基礎，就不可能全面建成社會主義現代化強國。

一、貫徹新發展理念、構建新發展格局

　　黨的二十大報告指出：必須完整、準確、全面貫徹新發展理念，堅持社會主義市場經濟改革方向，堅持高水平對外開放，加快構建以國內大循環為主體、國內國際雙循環相互促進的新發展格局。

　　習近平總書記在黨的十八屆五中全會上正式提出新發展理念，在隨後的省部級主要領導幹部學習貫徹黨的十八屆五中全會精神專題研討班上的講話中，習近平總書記又對新發展理念的內涵和實踐要求作了系統闡述。2020 年 4 月 10 日，在中央財經委員會第七次會議上，習近平總書記強調要構建以國內大循環為主體、國內國際雙循環相互促進的新發展格局。黨的十九屆五中全會提出，全面建成小康社會、實現第一個百年奮鬥目標之後，我們要乘勢而上開啟全面建設社會主義現代化國家新征程、向第二個百年奮鬥目標進軍，這標誌著我國進入了一個新發展階段。由此，貫徹新發展理念與立足新發展階段、構建新發展格局形成了互相聯繫的整體。

　　進入新發展階段、貫徹新發展理念、構建新發展格局，是由我國經濟社會發展的理論邏輯、歷史邏輯、現實邏輯決定的，三者緊密關

權威評論

　　何立峰（中共中央政治局委員，國家發展和改革委員會主任、黨組書記）：著力構建新發展格局。把實施擴大內需戰略同深化供給側結構性改革有機結合起來，增強國內大循環內生動力和可靠性。堅持擴大內需這個戰略基點，增強消費對經濟發展的基礎性作用和投資對優化供給結構的關鍵作用，加快形成國內大市場。深化供給側結構性改革，在提高供給體系質量、暢通經濟循環上下更大工夫，形成需求牽引供給、供給創造需求的更高水平動態平衡。在積極擴大內需的同時努力穩定外需，提升國際循環質量和水平。

聯。進入新發展階段明確了我國發展的歷史方位，貫徹新發展理念明確了我國現代化建設的指導原則，構建新發展格局明確了我國經濟現代化的路徑選擇。

　　理念是行動的先導。發展理念具有戰略性、綱領性、引領性，是發展思路、發展方向、發展著力點的集中體現。創新、協調、綠色、開放、共享的新發展理念，是在深刻分析國內外發展大勢和我國經濟社會發展存在問題的基礎上總結提出的，也是在深刻總結國內外發展經驗教訓的基礎上提煉形成的，集中反映了我們黨對經濟社會發展規律認識的深化。新發展理念是一個系統的理論體系：創新發展注重的是解決發展動力問題，協調發展注重的是解決發展不平衡問題，綠色發展注重的是解決人與自然和諧問題，開放發展注重的是解決發展內外聯動問題，共享發展注重的是解決社會公平正義問題。

　　新發展理念闡明了我們黨關於發展的政治立場、價值導向、發展模式、發展道路等重大問題，回答了發展的目的、路徑、動力、方式等一系列理論和實踐問題。貫徹新發展理念是關係我國發展全局的一

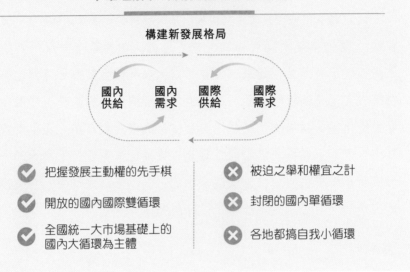

準確理解和深刻把握新發展格局

構建新發展格局

國內供給　國內需求　國際供給　國際需求

✓ 把握發展主動權的先手棋　　❌ 被迫之舉和權宜之計

✓ 開放的國內國際雙循環　　　❌ 封閉的國內單循環

✓ 全國統一大市場基礎上的　　❌ 各地都搞自我小循環
　國內大循環為主體

場深刻變革，必須切實增強貫徹新發展理念的政治定力和內生動力，從推進現代化建設的新要求和經濟社會發展的大趨勢提高貫徹新發展理念的自覺性。堅持把新發展理念作為指導新發展階段我國發展的科學方法論，將其運用到全面建設社會主義現代化國家的實踐之中，做到崇尚創新、注重協調、倡導綠色、厚植開放、推進共享。

　　構建新發展格局是立足當前、著眼長遠的戰略謀劃，是適應我國經濟社會發展新的階段性特徵、塑造國際合作和競爭新優勢的必然選擇。必須認識到，新發展格局是把握發展主動權的先手棋，不是被迫之舉和權宜之計；是開放的國內國際雙循環，不是封閉的國內單循環；是全國統一大市場基礎上的國內大循環為主體，不是各地都搞自我小循環。構建新發展格局必須堅定不移貫徹新發展理念。

二、著力推動高質量發展

黨的二十大報告指出：我們要堅持以推動高質量發展為主題，把實施擴大內需戰略同深化供給側結構性改革有機結合起來，增強國內大循環內生動力和可靠性，提升國際循環質量和水平，加快建設現代化經濟體系，著力提高全要素生產率，著力提升產業鏈供應鏈韌性和安全水平，著力推進城鄉融合和區域協調發展，推動經濟實現質的有效提升和量的合理增長。

（一）推動高質量發展

新時代我國經濟發展的基本特徵，就是我國經濟已由高速增長階段轉向高質量發展階段。高質量發展，就是能夠很好滿足人民日益

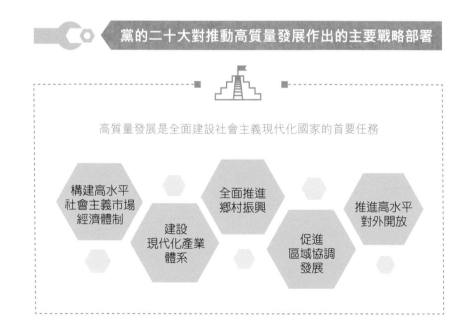

黨的二十大對推動高質量發展作出的主要戰略部署

高質量發展是全面建設社會主義現代化國家的首要任務

構建高水平社會主義市場經濟體制

建設現代化產業體系

全面推進鄉村振興

促進區域協調發展

推進高水平對外開放

增長的美好生活需要的發展，是體現新發展理念的發展，是創新成為第一動力、協調成為內生特點、綠色成為普遍形態、開放成為必由之路、共享成為根本目的的發展。堅持以高質量發展為主題，推動經濟向形態更高級、分工更複雜、結構更合理的階段演化。

（二）深化供給側結構性改革

供給和需求是市場經濟的兩個基本方面，是既對立又統一的辯證關係。沒有需求，供給就無從得到實現，新的需求可以催生新的供給；沒有供給，需求就無法得到滿足，新的供給可以引發新的需求。

當前，我國經濟發展的最突出問題是有效供給不足帶來的結構性失衡問題。因此，必須堅持供給側結構性改革的戰略方向，通過優化要素配置和調整生產結構來提高供給體系質量和效率，提升供給體系對國內需求的適配性，打通經濟循環堵點，提升產業鏈供應鏈的完整性，使國內市場成為最終需求的主要來源，實現由低水平供需平衡向高水平供需平衡躍升。供給側結構性改革，就是要解放和發展社會生產力，用改革的辦法推進結構調整，減少無效和低端供給，擴大有效和中高端供給，促進產能過剩有效化解，促進產業優化重組，降低企業成本，發展戰略性新興產業和現代服務業，增加公共產品和服務供給，增強供給結構對需求變化的適應性和靈活性，提高全要素生產率。

（三）實施擴大內需戰略

構建新發展格局的一個重要支撐是形成強大的國內市場，這也是我國經濟發展的最大依託，大國經濟的優勢就是內部可循環。因此，要牢牢把握擴大內需這一戰略基點，合理引導消費、儲蓄、投資，加快培育完整內需體系，提升傳統消費，鼓勵發展消費新模式新業態，暢通經濟循環中的堵點、斷點，促進各種生產要素組合在各環節有機衡接，使生產、分配、流通、消費等環節更多依託國內市場實現良性循環，促進總供給和總需求在更高水平上實現動態平衡。

三、構建高水平社會主義市場經濟體制

黨的二十大報告指出：堅持和完善社會主義基本經濟制度，毫不動搖鞏固和發展公有制經濟，毫不動搖鼓勵、支持、引導非公有制經濟發展，充分發揮市場在資源配置中的決定性作用，更好發揮政府作用。

（一）優化企業佈局

黨的二十大報告指出：深化國資國企改革，加快國有經濟佈局優化和結構調整，推動國有資本和國有企業做強做優做大，提升企業核心競爭力。優化民營企業發展環境，依法保護民營企業產權和企業家權益，促進民營經濟發展壯大。完善中國特色現代企業制度，弘揚企業家精神，加快建設世界一流企業。支持中小微企業發展。深化簡政放權、放管結合、優化服務改革。

圍繞服務國家戰略，完善國有資本和國有經濟結構佈局，推動國有經濟、國有資本和國有企業佈局優化、結構調整和戰略性重組，推動國有經濟向關係國家安全、國民經濟命脈和國計民生的重要行業和關鍵領域集中，培育一批在國際資源配置中佔主導地位的領軍企業。完善國有資產管理體制，形成更加符合中國特色社會主義新時代要求的國有資產管理體制、現代企業制度和市場化經營機制，有效發揮國有經濟的整體功能和作用。

營造有利於民營經濟發展的公平環境，在市場准入、要素保障、技術創新、投融資等方面，努力破除政策執行當中可能存在的隱性壁

構建高水平社會主義市場經濟體制

優化企業佈局
- 深化國資國企改革
- 完善中國特色現代企業制度
- 深化簡政放權、放管結合、優化服務改革
- 優化民營企業發展環境
- 支持中小微企業發展

完善市場機制
- 建設高標準市場體系
- 完善市場經濟基礎制度

健全宏觀調控
- 健全宏觀經濟治理體系
- 深化金融體制改革
- 加強反壟斷和反不正當競爭
- 健全現代預算制度
- 健全資本市場功能

壘，著力營造公平競爭的政策環境和市場環境，充分激發非公有制的經濟活力和創造力。

發揮好中小微企業在促進增長、保障就業、改善民生等方面的重要作用，培育一大批專注創新能力、深耕細分市場的優質中小微企業。繼續深化"放管服"改革，提高經濟社會運行效率。

（二）完善市場機制

黨的二十大報告指出：構建全國統一大市場，深化要素市場化改革，建設高標準市場體系。完善產權保護、市場准入、公平競爭、社會信用等市場經濟基礎制度，優化營商環境。

加快建設高效規範、公平競爭、充分開放的全國統一大市場，要更加注重生產要素之間的匹配與互動，打通我國經濟運行中生產、分配、流通、消費之間及其內部制約國內循環的瓶頸，打破行業壟斷和地方保護，在全國範圍實行統一的產權保護制度、市場准入制度、公

平競爭制度、社會信用制度。消除低層次重複建設和過度同質競爭，促進區域經濟循環、城鄉經濟循環。健全統一市場監管規則，強化統一市場監管執法，更好發揮各地比較優勢，實現以全國統一大市場集聚資源、推動增長、激勵創新、優化分工、促進競爭，促進商品和資源要素在更大範圍暢通流動。

（三）健全宏觀調控

黨的二十大報告指出：健全宏觀經濟治理體系，發揮國家發展規劃的戰略導向作用，加強財政政策和貨幣政策協調配合，著力擴大內需，增強消費對經濟發展的基礎性作用和投資對優化供給結構的關鍵作用。健全現代預算制度，優化稅制結構，完善財政轉移支付體系。深化金融體制改革，建設現代中央銀行制度，加強和完善現代金融監管，強化金融穩定保障體系，依法將各類金融活動全部納入監管，守住不發生系統性風險底線。健全資本市場功能，提高直接融資比重。加強反壟斷和反不正當競爭，破除地方保護和行政性壟斷，依法規範和引導資本健康發展。

一是發揮中長期規劃對經濟社會持續健康發展的指導作用，確保

 深閱讀

《中共中央關於制定國民經濟和社會發展第十四個五年規劃和二〇三五年遠景目標的建議》指出：“健全以國家發展規劃為戰略導向，以財政政策和貨幣政策為主要手段，就業、產業、投資、消費、環保、區域等政策緊密配合，目標優化、分工合理、高效協同的宏觀經濟治理體系。”

（摘編自《人民日報》，2020 年 11 月 4 日）

國家戰略目標、戰略任務和戰略意圖的實現。

二是強化財政政策的再分配功能和激勵作用，調整優化財政支出結構，更好發揮中央、地方和各方面積極性，增強基本公共服務保障能力，加大對解決經濟社會發展中不平衡、不充分問題的財政支持力度，科學實施結構性減稅降費，支持實體經濟發展。

三是健全貨幣政策和宏觀審慎政策雙支柱調控框架，加強貨幣政策、宏觀審慎政策和金融市場監管的協同性，健全基礎貨幣投放機制，完善中央銀行利率調控和傳導機制，保持貨幣信貸和社會融資規模適度增長，增強金融政策普惠性，提升金融服務實體經濟能力，強化有效防範系統性金融風險能力和逆周期調節功能。

四是優化公平競爭政策，科學治理、協同治理，營造安全規範、鼓勵創新、包容審慎的發展環境，支持新模式新業態持續健康發展，持續加強監管執法，堅決反對各種形式的壟斷和不正當競爭，保護市場主體和消費者合法權益。

四、建設現代化產業體系

（一）切實增強實體經濟

黨的二十大報告指出：堅持把發展經濟的著力點放在實體經濟上，推進新型工業化，加快建設製造強國、質量強國、航天強國、交通強國、網絡強國、數字中國。實施產業基礎再造工程和重大技術裝備攻關工程，支持專精特新企業發展，推動製造業高端化、智能化、綠色化發展。鞏固優勢產業領先地位，在關係安全發展的領域加快補齊短板，提升戰略性資源供應保障能力。推動戰略性新興產業融合集群發展，構建新一代信息技術、人工智能、生物技術、新能源、新材

推進新型工業化的六大目標

加快建設

1 製造強國
2 質量強國
3 航天強國

4 交通強國
5 網絡強國
6 數字中國

料、高端裝備、綠色環保等一批新的增長引擎。

把發展經濟的著力點放在以製造業為根基的實體經濟上，緊緊抓住新一輪科技革命和產業變革同我國轉變發展方式歷史性交匯的戰略機遇，促進更多技術、資本、勞動力等生產要素融入實體經濟，促進製造業加速向數字化、網絡化、智能化發展，不斷提高科技創新對實體經濟發展的貢獻率，不斷增強現代金融服務實體經濟的能力，不斷優化人力資源支撐實體經濟發展的作用，培育世界級先進製造業集群，形成經濟高質量發展新動能。

加快推動製造業高質量發展，以新一代信息技術改造傳統動能，積極發展智能製造、綠色製造、服務型製造，推動先進製造業和現代服務業深度融合，加強重點行業產業鏈薄弱環節和風險因素排查，加快補齊產業鏈供應鏈短板，推動產業鏈供應鏈優化升級，增強產業鏈供應鏈自主可控能力，加快推動我國產業向全球產業鏈價值鏈中高端邁進。

（二）大力發展服務業

黨的二十大報告指出：構建優質高效的服務業新體系，推動現代服務業同先進製造業、現代農業深度融合。加快發展物聯網，建設高效順暢的流通體系，降低物流成本。

推動現代服務業為先進製造業和現代農業高質量發展注入人力資本、金融資本、知識資本和先進技術等高端生產要素，推動現代服務業向專業化、規模化、高端化發展，更好發揮產業融合發展的規模經濟效應，促進技術進步和創新成果向現實產品和服務轉化，為廣大消費者提供高品質、多樣化的產品和服務。提高製造業和農業發展的層次和效率，加快實現產業結構升級，構建現代化產業體系，提升產業發展水平。深化物流領域關鍵環節改革，深入落實減稅降費措施，加強土地和資金保障，促進物流業健康發展，不斷降低全社會物流成本。

（三）加快發展數字經濟

黨的二十大報告指出：促進數字經濟和實體經濟深度融合，打造具有國際競爭力的數字產業集群。優化基礎設施佈局、結構、功能和系統集成，構建現代化基礎設施體系。

實施國家大數據戰略、網絡強國戰略，激活數據要素價值，培育數字經濟新業態、新模式、新動能。發揮數字技術的放大、疊加、倍增作用，全面深化重點產業、重點企業全鏈條數字化轉型，推動傳統產業和主導產業數字化升級，提高公共服務數字化水平，完善數字經濟治理體系。

全面加強基礎設施建設，發揮有效投資的關鍵作用，加快現代化基礎設施體系建設，在促進宏觀經濟穩定的同時，為全面建設社會主

 權威聲音

習近平（中共中央總書記、國家主席、中央軍委主席）：高端製造是經濟高質量發展的重要支撐。推動我國製造業轉型升級，建設製造強國，必須加強技術研發，提高國產化替代率，把科技的命脈掌握在自己手中，國家才能真正強大起來。

義現代化國家打下堅實基礎。

五、全面推進鄉村振興

黨的二十大報告指出：全面建設社會主義現代化國家，最艱巨最繁重的任務仍然在農村。堅持農業農村優先發展，堅持城鄉融合發展，暢通城鄉要素流動。加快建設農業強國，扎實推動鄉村產業、人才、文化、生態、組織振興。

（一）保證糧食安全

黨的二十大報告指出：全方位夯實糧食安全根基，全面落實糧食安全黨政同責，牢牢守住 18 億畝耕地紅線，逐步把永久基本農田全部建成高標準農田，深入實施種業振興行動，強化農業科技和裝備支

 權威評論

　　唐仁健（中央農辦主任，農業農村部黨組書記、部長）：全面推進鄉村振興，這充分體現了我們黨一張藍圖繪到底，一以貫之抓落實的戰略定力。加快建設農業強國，這是黨中央著眼全面建設社會主義現代化國家大局作出的重大決策部署。農業強國的內涵十分豐富，我體會最關鍵的是努力實現供給保障強、科技裝備強、經營體系強、產業韌性強。必須用高水平的農業科技、現代化物質裝備破解資源稟賦約束，不斷提高土地產出率、勞動生產率和資源利用率，推進農業產業延鏈、補鏈、強鏈，全面提高產業體系的韌性和穩定性。

撑，健全種糧農民收益保障機制和主產區利益補償機制，確保中國人的飯碗牢牢端在自己手中。樹立大食物觀，發展設施農業，構建多元化食物供給體系。

鞏固和完善保障糧食安全的制度政策，深入實施以我為主、立足國內、確保產能、適度進口、科技支撐的國家糧食安全戰略，推動藏糧於地、藏糧於技戰略落實落地，樹立大食物觀，確保國家糧食和重要副食品供給安全，確保中國人的飯碗裏主要裝中國糧。加強耕地數量、質量、生態"三位一體"保護，完善最嚴格的耕地保護制度，堅決治理亂佔、破壞耕地行為。加強現代農業設施建設，進一步優化農

黨的十八大以來，我國糧食安全保障能力持續提升

 自 2015 年起
糧食產量連續 7 年保持在 1.3 萬億斤以上

 1.3萬億斤

 糧食流通保持高效順暢，全國標準倉房完好倉容7億噸

 人均糧食產量

2021年
人均糧食產量483.5公斤，已超過國際公認的400公斤的糧食安全線

 糧食應急保障更加有力，現有糧食應急加工企業6,000家、應急供應網點5.3萬個、應急儲運企業4,199家……

 已建成9億畝高標準農田，糧食作物良種基本實現全覆蓋

 有能力應對各類重大自然災害和公共突發事件

數據來源：《農民日報》

業區域佈局，穩步提高農業綜合生產能力。以農業科技創新為主要突破口，提高農業科技研發水平與成果轉化能力，著力攻關核心關鍵技術，健全適應現代農業發展要求的農業科技推廣體系。堅持農業對外開放，提高統籌利用兩個市場兩種資源的能力和水平，更好滿足人民群眾日益多元化的食物消費需求。強化"米袋子""菜籃子"責任落實，全面落實糧食安全黨政同責，嚴格糧食安全責任制考核，"米袋子"省長要負責，書記也要負責。

（二）促進鄉村振興

黨的二十大報告指出：發展鄉村特色產業，拓寬農民增收致富渠道。鞏固拓展脫貧攻堅成果，增強脫貧地區和脫貧群眾內生發展動力。統籌鄉村基礎設施和公共服務佈局，建設宜居宜業和美鄉村。

深化農業供給側結構性改革，推動農業由增產導向轉向提質導向，調優產品產業結構，促進農村一二三產業融合發展。鼓勵各地拓展農業多種功能、挖掘鄉村多元價值，重點發展農產品加工、鄉村度假、農村電商等產業。推進現代農業產業園和農業產業強鎮建設，培育優勢特色產業集群，實施鄉村休閒旅遊提升計劃，培育壯大更多農村新產業新業態，推動鄉村產業振興。

推動脫貧地區更多依靠發展來鞏固拓展脫貧攻堅成果，鞏固提升脫貧地區特色產業，完善監測幫扶機制。加大對鄉村振興重點幫扶縣和易地搬遷集中安置區支持力度，完善聯農帶農機制，提高脫貧人口家庭經營性收入。堅決守住不發生規模性返貧底線，切實維護和鞏固脫貧攻堅戰的偉大成就。

加快補齊鄉村基礎設施短板，健全城鄉基本公共服務均等化體制機制，加強普惠性、基礎性、兜底性民生建設，推動公共服務、社會事業向農村延伸覆蓋。

（三）深化農村制度改革

黨的二十大報告指出：鞏固和完善農村基本經營制度，發展新型農村集體經濟，發展新型農業經營主體和社會化服務，發展農業適度規模經營。深化農村土地制度改革，賦予農民更加充分的財產權益。保障進城落戶農民合法土地權益，鼓勵依法自願有償轉讓。完善農業支持保護制度，健全農村金融服務體系。

以深化農村土地制度改革為重點全面推進農村改革。堅持農村土地農民集體所有，堅持家庭經營基礎性地位，堅持穩定土地承包關係。推進第二輪土地承包到期後再延長 30 年，研究建立土地承包經營權有序退出機制。盤活農村閑置宅基地和閑置住房，暢通宅基地自願有償退出渠道。探索建立全國性的建設用地、補充耕地指標跨區域交易機制。深化農村集體產權制度改革，完善集體經營性資產股份合作制。壯大新型農村集體經濟。

同時，根據實踐發展要求，完善農村承包地"三權分置"制度，在尊重農民意願和維護農民權益基礎上，豐富集體所有權、農戶承包權、土地經營權的有效實現形式，促進土地資源的優化配置。要創新農業經營體系，積極培育新型農業經營主體，健全農村要素市場化配置機制，發展壯大農業社會化服務組織，鼓勵和支持廣大小農戶走同現代農業相結合的發展之路，使農村基本經營制度始終充滿活力。

六、促進區域協調發展

（一）深入實施區域協調發展戰略

黨的二十大報告指出：深入實施區域協調發展戰略、區域重大戰略、主體功能區戰略、新型城鎮化戰略，優化重大生產力佈局，構建優勢互補、高質量發展的區域經濟佈局和國土空間體系。推動西部大開發形成新格局，推動東北全面振興取得新突破，促進中部地區加快崛起，鼓勵東部地區加快推進現代化。支持革命老區、民族地區加快發展，加強邊疆地區建設，推進興邊富民、穩邊固邊。推進京津冀協同發展、長江經濟帶發展、長三角一體化發展，推動黃河流域生態保護和高質量發展。高標準、高質量建設雄安新區，推動成渝地區雙城經濟圈建設。健全主體功能區制度，優化國土空間發展格局。

2019 年 8 月 26 日，習近平總書記主持召開中央財經委員會第五次會議，指明了新形勢下促進區域協調發展總的思路，也就是：按照客觀經濟規律調整完善區域政策體系，發揮各地區比較優勢，促進各類要素合理流動和高效集聚，增強創新發展動力，加快構建高質量發展的動力系統，增強中心城市和城市群等經濟發展優勢區域的經濟和人口承載能力，增強其他地區在保障糧食安全、生態安全、邊疆安全等方面的功能，形成優勢互補高質量發展的區域經濟佈局。

要立足發揮各地區比較優勢和縮小區域發展差距，圍繞努力實現基本公共服務均等化、基礎設施通達程度比較均衡、人民基本生活保障水平大體相當的目標，落實主體功能區制度，培育和發揮區域比較優勢，加強區域優勢互補，更加注重區域一體化發展。堅決破除地區之間利益藩籬和政策壁壘，加快形成統籌有力、競爭有序、綠色協調、共享共贏的區域協調發展新機制，在協調發展中拓寬發展空間，促進區域協調發展。

充分發揮市場在區域協調發展新機制建設中的主導作用，更好發揮政府在區域協調發展方面的引導作用。統籌推進西部大開發、東北全面振興、中部地區崛起、東部率先發展，進一步細化區域政策尺度，針對不同地區實際制定差別化政策，維護全國統一市場的公平競爭。深化改革開放，破解區域協調發展機制中存在的突出問題，增強區域發展的協同性、聯動性、整體性。

（二）加快新型城鎮化

黨的二十大報告指出：推進以人為核心的新型城鎮化，加快農業轉移人口市民化。以城市群、都市圈為依託構建大中小城市協調發展格局，推進以縣城為重要載體的城鎮化建設。堅持人民城市人民建、人民城市為人民，提高城市規劃、建設、治理水平，加快轉變超大特大城市發展方式，實施城市更新行動，加強城市基礎設施建設，打造宜居、韌性、智慧城市。

按照統籌規劃、合理佈局、分工協作、以大帶小的原則，立足資源環境承載能力，優化形成疏密有致、分工協作、功能完善的城鎮化空間格局。建立完善以中心城市為核心的城市群發展協調機制，加快推進城市群交通基礎設施一體化規劃建設，發揮好中心城市和都市

"十四五"時期，我國加快農業轉移人口市民化的主要措施

1. 深化戶籍制度改革
2. 完善城鎮基本公共服務提供機制
3. 提高農業轉移人口勞動技能素質
4. 強化隨遷子女基本公共教育保障
5. 鞏固提高社會保險統籌層次和參保覆蓋率
6. 強化農民工勞動權益保障
7. 完善農業轉移人口市民化配套政策

圈的帶動作用，提高綜合承載和資源優化配置能力，合理確定城市規模、人口密度、空間結構，形成中心城市引領城市群、都市圈帶動大中小城市和小城鎮相互協調聯動的城鎮化發展格局。加快以縣城為重要載體的城鎮化建設，全面深化戶籍制度及配套制度改革，健全農業轉移人口市民化配套政策體系，促進符合條件的農業轉移人口落戶城鎮，解決好農業轉移人口的住房、教育、醫療、養老等基本問題，大力提高農業轉移人口就業能力，提升農民工在城鎮就業居住的歸屬感和幸福感。

（三）建設海洋強國

黨的二十大報告指出：發展海洋經濟，保護海洋生態環境，加快建設海洋強國。

著力提高海洋經濟的投入產出效率和全要素生產率，實現海洋經濟發展方式從主要依靠要素投入向主要依靠創新驅動轉變，調整優化海洋傳統產業，培育壯大海洋新興產業，拓展提升海洋服務業，推動海洋產業結構優化升級，促進海洋產業朝著特色化、高端化、集群化發展，促進海洋經濟發展與海洋生態保護相協調。

七、推進高水平對外開放

黨的二十大報告指出：依託我國超大規模市場優勢，以國內大循環吸引全球資源要素，增強國內國際兩個市場兩種資源聯動效應，提升貿易投資合作質量和水平。

（一）堅定不移擴大對外開放

黨的二十大報告指出：穩步擴大規則、規制、管理、標準等制度型開放。推動貨物貿易優化升級，創新服務貿易發展機制，發展數字貿易，加快建設貿易強國。合理縮減外資准入負面清單，依法保護外商投資權益，營造市場化、法治化、國際化一流營商環境。推動共建"一帶一路"高質量發展。

持續推進高水平對外開放主要部署

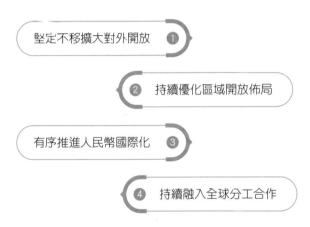

堅定不移擴大對外開放 ①

② 持續優化區域開放佈局

有序推進人民幣國際化 ③

④ 持續融入全球分工合作

　　科學認識國內大循環和國內國際雙循環的關係，建設更高水平開放型經濟新體制，樹立全球視野，以更加積極主動的姿態走向世界，全面謀劃高水平全方位對外開放新格局，實施更大範圍、更寬領域、更深層次的對外開放，更好利用國內國際兩個市場兩種資源，更好聯通國內市場和國際市場。提高在全球配置資源能力，更好爭取開放發展中的戰略主動，有效防範和化解國際經濟合作中的安全風險，以擴大開放帶動創新、推動改革、促進發展。

　　適應新形勢、把握新特點，推動由商品和要素流動型開放向規則、規制、管理、標準等制度型開放轉變，完善公開、透明的涉外法律體系，統一內外資法律法規，全面實行准入前國民待遇加負面清單管理制度。進一步放寬外資市場准入，健全外商投資國家安全審查制度，健全跨境服務貿易負面清單管理制度，尊重國際營商慣例，保護外資企業合法權益。

堅持對話協商、共建共享、合作共贏、交流互鑒,推動共建"一帶一路"走深走實造福世界各國人民,把"一帶一路"建設成為和平之路、繁榮之路、開放之路、綠色之路、創新之路、文明之路,努力實現政策溝通、設施聯通、貿易暢通、資金融通、民心相通。

(二)持續優化區域開放佈局

黨的二十大報告指出:優化區域開放佈局,鞏固東部沿海地區開放先導地位,提高中西部和東北地區開放水平。加快建設西部陸海新通道。加快建設海南自由貿易港,實施自由貿易試驗區提升戰略,擴大面向全球的高標準自由貿易區網絡。

優化區域開放佈局,鼓勵各地立足比較優勢擴大開放,強化區域間開放聯動,完善境內外經濟園區合作機制,推動對外開放平台合理分工,形成陸海內外聯動、東西雙向互濟的開放格局。完善自由貿易試驗區佈局,進一步發揮自貿試驗區和自由貿易港全面深化改革和擴大開放試驗田作用,在營造優良投資環境、提升貿易便利化水平、推動金融創新服務實體經濟等領域先行先試等方面,加大改革授權和開放力度,給予政策扶持。

(三)有序推進人民幣國際化

完善以市場供求為基礎、有管理的浮動匯率制度,堅持貨幣政策和匯率政策的獨立性,確保人民幣幣值相對穩定,有序推進資本項目開放。加強國際金融合作頂層設計,完善區域性貨幣合作體系,創新金融合作機制,擴大貨幣互換規模。逐步提高國際貿易中人民幣的使用程度,推動石油等大宗商品的人民幣計價結算,打造多元化人民幣離岸中心,實現人民幣國際化的貿易驅動、投資計價驅動、金融產品創新驅動的多層次發展模式。

（四）持續融入全球分工合作

黨的二十大報告指出：深度參與全球產業分工和合作，維護多元穩定的國際經濟格局和經貿關係。

堅定不移融入全球產業分工體系，有效利用國內國際兩個市場兩種資源，大力推動多雙邊貿易和投資發展，引進資金與引進國際先進技術、管理理念和高端人才相結合，發揮外資對產業提升的積極作用，促進外資結構由勞動密集型產業逐步向資本、技術密集型產業升級。加快企業"走出去"步伐，鼓勵企業發揮自身優勢積極開展國際產能合作，深度嵌入全球產業鏈。

 權威評論

趙辰昕（國家發展和改革委員會黨組成員、副主任、秘書長）：中國經濟是一片大海，世界經濟也是一片大海，世界上的大海大洋都是相通的。我們將始終站在歷史正確的一邊，決不被逆風和回頭浪所阻，高舉構建人類命運共同體旗幟，積極踐行真正的多邊主義，堅定不移全面擴大開放，推動經濟全球化朝著更加開放、包容、普惠、平衡、共贏的方向發展。

第五講

實施科教興國戰略，強化現代化建設人才支撐

 實施三大戰略

 辦好人民滿意的教育

 完善科技創新體系

 加快實施創新驅動發展戰略

 深入實施人才強國戰略

黨的二十大報告指出：教育、科技、人才是全面建設社會主義現代化國家的基礎性、戰略性支撐。必須堅持科技是第一生產力、人才是第一資源、創新是第一動力，深入實施科教興國戰略、人才強國戰略、創新驅動發展戰略，開闢發展新領域新賽道，不斷塑造發展新動能新優勢。

一、實施三大戰略

習近平總書記曾指出："今天，我們比歷史上任何時期都更接近中華民族偉大復興的目標，比歷史上任何時期都更有信心、有能力實現這個目標。而要實現這個目標，我們就必須堅定不移貫徹科教興國戰略和創新驅動發展戰略，堅定不移走科技強國之路。"科技興則民族興，教育強則國家強。科學技術從來沒有像今天這樣深刻影響著國家前途命運，從來沒有像今天這樣深刻影響著人民生活福祉。

科教興國戰略、人才強國戰略、創新驅動發展戰略，是改革開放以來我們黨總結概括並長期堅持的重大戰略，對我國經濟社會發展產生了深遠影響。

（一）實施科教興國戰略

1995 年 5 月 6 日，中共中央、國務院作出《關於加速科學技術進步的決定》，首次提出在全國實施科教興國戰略。科教興國戰略，就

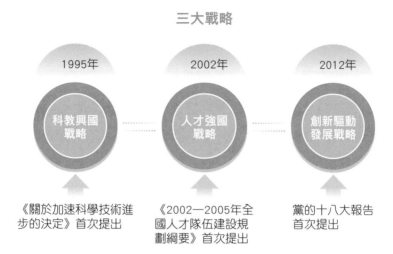

三大戰略

1995年	2002年	2012年
科教興國戰略	人才強國戰略	創新驅動發展戰略
《關於加速科學技術進步的決定》首次提出	《2002—2005年全國人才隊伍建設規劃綱要》首次提出	黨的十八大報告首次提出

是指全面落實科學技術是第一生產力的思想，堅持教育為本，把科技和教育擺在經濟社會發展的重要位置，增強國家的科技實力及向現實生產力轉化的能力，提高全民族的科技文化素質，把經濟建設轉移到依靠科技進步和提高勞動者素質的軌道上來，加速實現國家的繁榮強盛。

（二）實施人才強國戰略

2002 年 5 月 7 日，中共中央辦公廳、國務院辦公廳發佈的《2002—2005 年全國人才隊伍建設規劃綱要》首次提出人才強國戰略。人才強國戰略，就是指把人才資源作為經濟、社會發展的第一資源，把人才競爭作為綜合國力競爭的核心，充分發掘人才資源寶庫，努力形成人人渴望成才、人人努力成才、人人皆可成才、人人盡展其才的良好局面。

（三）實施創新驅動發展戰略

黨的十八大報告首次提出創新驅動發展戰略。創新驅動發展戰略，就是指把創新作為引領發展的第一動力、擺在國家發展全局的核心位置，加快形成以創新為主要引領和支撐的經濟體系和發展模式，使創新成為引領發展的第一動力，科技創新與制度創新、管理創新、商業模式創新、業態創新和文化創新相結合，推動發展方式向依靠持續的知識積累、技術進步和勞動力素質提升轉變，促進經濟向形態更高級、分工更精細、結構更合理的階段演進。

新時代新征程黨的二十大報告作出戰略安排，我們要堅持教育優先發展、科技自立自強、人才引領驅動，加快建設教育強國、科技強國、人才強國，堅持為黨育人、為國育才，全面提高人才自主培養質量，著力造就拔尖創新人才，聚天下英才而用之。

二、辦好人民滿意的教育

黨的二十大報告指出：教育是國之大計、黨之大計。

（一）堅持立德樹人

黨的二十大報告指出：培養什麼人、怎樣培養人、為誰培養人是教育的根本問題。育人的根本在於立德。全面貫徹黨的教育方針，落實立德樹人根本任務，培養德智體美勞全面發展的社會主義建設者和接班人。

堅持社會主義辦學方向、培養社會主義建設者和接班人是我國教育工作的政治原則，也是思考和謀劃教育工作的邏輯起點。要堅持社會主義辦學方向，堅守為黨育人、為國育才，把立德樹人作為教育的根本任務，在加快推進教育現代化的新征程中培養擔當民族復興大任的時代新人。堅持用習近平新時代中國特色社會主義思想鑄魂育人，加強道德教育，激發廣大師生愛黨愛國愛社會主義的巨大熱情，用社會主義核心價值觀引領學生成長成才。深化學校思想政治理論課改革創新，加強和改進學校體育美育，廣泛開展勞動教育，促進學生德智體美勞全面發

深閱讀

　　黨的十八大以來，以習近平同志為核心的黨中央進一步高度重視義務教育，推動義務教育取得新的跨越式發展和歷史性成就，突出體現在：一是實現了義務教育有保障，歷史性解決了長期存在的輟學問題，在脫貧攻堅戰中實現了義務教育的有保障；二是實現了縣域義務教育的基本均衡。經過不懈努力，到 2021 年底全國所有縣區均通過了國家義務教育基本均衡發展督導評估驗收，這是我國義務教育發展史上的一個新的里程碑。下一步，按照黨中央、國務院決策部署，著眼於推進教育現代化、建設教育強國，將保持重視程度、投入強度、工作力度不減，繼續把義務教育放在重中之重的位置，持續鞏固義務教育有保障和縣域基本均衡成果，深入推進義務教育優質均衡發展，更好地滿足人民群眾從"有學上"到"上好學"的美好期盼。

　　（摘編自《中共中央宣傳部舉行教育改革發展成效新聞發佈會》，國新網，2022 年 9 月 9 日）

展，培養學生愛國情懷、社會責任感、創新精神、實踐能力。

　　（二）堅持以人民為中心

　　黨的二十大報告指出：堅持以人民為中心發展教育，加快建設高質量教育體系，發展素質教育，促進教育公平。加快義務教育優質均衡發展和城鄉一體化，優化區域教育資源配置，強化學前教育、特殊教育普惠發展，堅持高中階段學校多樣化發展，完善覆蓋全學段學生資助體系。統籌職業教育、高等教育、繼續教育協同創新，推進職普融通、產教融合、科教融匯，優化職業教育類型定位。加強基礎學科、新興學科、交叉學科建設，加快建設中國特色、世界一流的大學和優勢學科。引導規範民辦教育發展。加大國家通用語言文字推廣力度。

　　黨的十八大以來，以習近平同志為核心的黨中央就我國教育事業提出一系列新理念新思想新戰略，其中一個重要方面就是堅持以人民為中心發展教育。教育系統要堅持依靠人民辦好教育，辦好人民滿意的教育，努力讓全體人民享有更好更公平的教育，獲得發展自身、奉獻社會、造福人民的機會。堅持"學校教育、育人為本"的教育理念，推動育人方式、辦學模式轉變，建立促進學生身心健康、全面發展的長效機制。始終堅持以人民為中心，著力解決教育領域發展不平衡不充分問題，以義務教育標準化學校建設為突破口，推進義務教育優質均衡發展，重點實施義務教育薄弱環節改善與能力提升工程，滿足學生就近入學需求。深化中小學招生制度改革，規範招生管理，實現從"招好學生"向"教好學生"轉變。深入開展辦學模式改革，充

十年來，我國義務教育實現優質均衡發展和城鄉一體化

 教育質量實現新提升

2021年
全國**95%**的學校
能保障學生在校
每天1小時
體育鍛煉

 近 **87%** 的學生在
中小學接受了藝術
教育

 學生成長環境全面改善

免試就近入學和
"公民同招"政
策全面落實

2021年義務教育階段
進城務工人員隨遷子
女在公辦學校就讀和
享受政府購買民辦學
校學位服務的比例達
到**90.9%**

90.9%

數據來源：教育部

分發揮優質學校的輻射帶動作用，辦好人民群眾家門口的學校，解決"擇校熱"問題。實施"強基計劃"，探索多維度考核評價模式，選拔培養有志於服務國家重大戰略需求且綜合素質優秀或基礎學科拔尖的學生。大力發展職業教育，推進職業教育改革，提高職業教育質量，增強職業教育適應性。構建具有中國特色、中國風格、中國氣派的學科體系、學術體系、話語體系。努力走出一條建設中國特色、世界一流大學的新路。優化同新發展格局相適應的教育結構、學科專業結構、人才培養結構。完善全民終身學習推進機制，構建方式更加靈活、資源更加豐富、學習更加便捷的全民終身學習體系。

（三）深化教育改革

黨的二十大報告指出：深化教育領域綜合改革，加強教材建設和管理，完善學校管理和教育評價體系，健全學校家庭社會育人機制。加強師德師風建設，培養高素質教師隊伍，弘揚尊師重教社會風尚。推進教育數字化，建設全民終身學習的學習型社會、學習型大國。

深化教育評價改革，克服"唯分數、唯升學、唯文憑、唯論文、唯帽子"頑瘴痼疾，扭轉不科學的評價導向。深化教育領域"放管服"改革，進一步落實和擴大高校辦學自主權。推進教育督導體制機制改革，強化督政、督學、評估監測"三位一體"的教育督導體系。把教師作為教育事業的第一資源，打造高素質、專業化、創新型教師隊伍。推動信息技術與教育教學深度融合，以教育信息化帶動教育現代化。

三、完善科技創新體系

黨的二十大報告強調：堅持創新在我國現代化建設全局中的核心地位。

自古以來，科學技術就以一種不可逆轉、不可抗拒的力量推動著人類社會向前發展。人類歷史上每一次科技革命都深刻影響了世界力量格局變化。在激烈的國際競爭中，惟創新者進，惟創新者強，惟創新者勝。為此，黨的十九大提出，創新是引領發展的第一動力；黨的十九屆五中全會強調，堅持創新在我國現代化建設全局中的核心地位，把科技自立自強作為國家發展的戰略支撐。

（一）強化國家戰略科技力量

黨的二十大報告指出：完善黨中央對科技工作統一領導的體制，健全新型舉國體制，強化國家戰略科技力量，優化配置創新資源，優化國家科研機構、高水平研究型大學、科技領軍企業定位和佈局，形成國家實驗室體系，統籌推進國際科技創新中心、區域科技創新中心

延伸問答

問：新型舉國體制具有哪些優勢？

答：與計劃經濟條件下的舉國體制相比，新型舉國體制以社會主義市場經濟體制為背景，以發揮更大創新效能為目標，將我國政治制度優勢與市場機制作用協同起來，推進國家治理在科技領域的新變革。新型舉國體制不是運動式的發動全員，而是戰略性地集中優勢力量，以攻克重大項目或完成重要任務為主要目標，在國民經濟不同領域取得重點突破。這一體制既發揮我國社會主義制度能夠集中力量辦大事的顯著優勢，強化黨和國家對重大科技創新的領導，又充分發揮市場機制作用，圍繞國家戰略需求，優化配置創新資源，強化國家戰略科技力量，大幅度提升科技攻關體系化能力，在若干重要領域形成競爭優勢、贏得戰略主動。

建設，加強科技基礎能力建設，強化科技戰略諮詢，提升國家創新體系整體效能。

堅持和加強黨對科技工作的全面領導，牢牢把握科技改革發展的正確方向，加強頂層設計、系統謀劃，健全社會主義市場經濟條件下新型舉國體制。習近平總書記指出，我國社會主義制度能夠集中力量辦大事是我們成就事業的重要法寶。發揮新型舉國體制優勢，加強科技創新和技術攻關，強化關鍵環節、關鍵領域、關鍵產品保障能力。充分發揮國家作為重大科技創新組織者的作用，堅持戰略性需求導向，確定科技創新方向和重點，著力解決制約國家發展和安全的重大難題。

（二）深化科技體制改革

黨的二十大報告指出：深化科技體制改革，深化科技評價改革，加大多元化科技投入，加強知識產權法治保障，形成支持全面創新的基礎制度。

多年來，我國一直存在著科技成果向現實生產力轉化不力、不順、不暢的痼疾，科研成果封閉自我循環比較嚴重，其中一個重要癥結就在於科技創新鏈條上存在著諸多體制機制關卡，創新和轉化各個環節銜接不夠緊密。因此，必須深化科技體制改革，破除一切制約科技創新的思想障礙和制度藩籬。習近平總書記指出，促進科技和經濟結合是改革創新的著力點。要堅持科技面向經濟社會發展的導向，圍繞產業鏈部署創新鏈，圍繞創新鏈完善資金鏈，破除制約科技成果轉移擴散的障礙，消除科技創新中的“孤島現象”，打通從科技強到產業強、經濟強、國家強的通道。以改革釋放創新活力，解決好“由誰來創新”、“動力哪裏來”、“成果如何用”這 3 個基本問題，培育產學研結合、上中下游銜接、大中小企業協同的良好創新格局，提升國家創新體系整體效能。

黨的十八大以來，我國深化科技創新體制改革取得重大成果

2015年以來，我國涉及40多個管理部門的上百項科技計劃（專項、基金等）已全面整合為5大類

深化"揭榜掛帥"等新型項目組織模式，截至2022年2月，在"十四五"首批重點研發計劃中已經部署實施了87項"榜單"任務

截至2020年底，《深化科技體制改革實施方案》部署的143項任務已全面完成

為減輕科研人員負擔，國家重點研發計劃需填報的表格由57張精簡到11張，科技計劃項目實行不超過5%比例隨機抽查機制

數據來源：《光明日報》

（三）營造良好創新氛圍

黨的二十大報告指出：培育創新文化，弘揚科學家精神，涵養優良學風，營造創新氛圍。

加強科學家精神宣傳，在全社會樹立愛國、創新、求實、奉獻的正確導向。堅持激勵約束並舉，充分發揮全體科技人員的主體作用和科學共同體自律作用，進一步發揮科研誠信制度體系的威力，嚴肅查處論文造假等學術不端案件，強化懲戒和公開曝光，構建改進作風學風與科研誠信建設協同推進的"大監管體系"。健全科技倫理治理體制。積極穩妥深化院士制度改革，不斷完善院士制度，切實維護院士稱號學術性、榮譽性。

（四）加強國際科技合作

黨的二十大報告指出：擴大國際科技交流合作，加強國際化科研環境建設，形成具有全球競爭力的開放創新生態。

加強對國際科技合作新變化的戰略研判、政策儲備和前瞻部署，推動國際科技合作形勢向有利於我國的方向發展。擴大國家科技計劃對外開放度，研究設立面向全球的科學研究基金，支持外籍科學家領銜承擔政府科技項目，吸引優秀學者來華工作。加快啟動我國牽頭的國際大科學計劃和大科學工程，逐步放開在我國境內設立國際科技組織、外籍科學家在我國科技學術組織任職，使我國成為全球科技開放合作的廣闊舞台。推動"一帶一路"科技創新行動落實落地。建立應對重大突發公共衛生事件等全球共同挑戰的科技合作機制，拓展我國國際科技合作領域和空間。

四、加快實施創新驅動發展戰略

實施創新驅動發展戰略需要切實把創新作為經濟社會發展的第一驅動力，不斷提升創新的地位和作用。

（一）堅持"四個面向"

黨的二十大報告指出：堅持面向世界科技前沿、面向經濟主戰場、面向國家重大需求、面向人民生命健康，加快實現高水平科技自立自強。以國家戰略需求為導向，集聚力量進行原創性引領性科技攻關，堅決打贏關鍵核心技術攻堅戰。加快實施一批具有戰略性全局性前瞻性的國家重大科技項目，增強自主創新能力。

把"四個面向"作為科技創新的戰略導向，大力提升科技創新體系化能力，多渠道提供高水平源頭供給，以科技創新支撐經濟社會發展、民生福祉改善和保障國家安全。

形成符合攻關和應急需要的強有力政府科技管理系統，以統一、統籌、強耦合的組織體系，協同科技力量和集中各方面優勢資源突破

"卡脖子"瓶頸，保證攻堅攻得下、應急用得上。在推進關鍵核心技術攻關中，圍繞決策指揮、組織管理、人才激勵、市場環境等方面展開體制機制創新。建立決策高效、響應快速的扁平化管理體制，提高統籌協調效率和落實效率，強化跨部門、跨學科、跨軍民、跨央地整合力量和資源。進一步深化科技計劃、項目和經費管理改革，聚焦國家戰略需求，完善項目、資金、人才、基地、設施協同配置機制，構建科技、產業、金融、社會、知識產權保護等方面的政策協調機制，形成產學研用深度融合的技術創新體系。

 深閱讀

　　黨的十八大以來，面向人民生命健康，科技創新鑄就"健康堅盾"，為抗擊新冠肺炎疫情、消除瘧疾、防控多種傳染病提供強有力科技支撐；科技創新勇於"亮劍"，為對戰腫瘤、慢病等危及人民健康的重大疾病提供強有力"武器"；醫學科技大步向前，引領信息技術、人工智能與生命科學深度融合，共繪健康中國藍圖。

　　（摘編自《心繫人民健康 釋放科技紅利——黨的十八大以來科技創新堅持"四個面向"述評之四》，《科技日報》，2022 年 10 月 12 日）

　　圍繞健全關鍵核心技術攻關新型舉國體制，加快建設國家實驗室，重組國家重點實驗室體系，形成國家戰略科技力量體系化佈局。推進高校科研組織化，優化院所等科研力量佈局，深化科研管理體制改革，推動重點領域項目、基地、人才、資金一體化配置，打好關鍵核心技術攻堅戰。強化戰略必爭領域佈局，加快網絡安全、海洋安全、空天安全、生物安全等重大領域的科研力量建設，健全科技安全風險防控體系。

（二）加強基礎研究

黨的二十大報告指出：加強基礎研究，突出原創，鼓勵自由探索。提升科技投入效能，深化財政科技經費分配使用機制改革，激發創新活力。

進一步加強基礎研究頂層設計、系統佈局和人才培養。持續推進國家自然科學基金系統性改革，完善自由探索基礎研究的長期支持機制。探索面向世界科技前沿的原創性科學問題發現和提出機制，構建從國家安全、產業發展、改善民生的實踐中凝練基礎科學問題的機制，以應用研究帶動基礎研究。加大研發投入力度，優化財政科技投入結構，研究鼓勵企業投入和社會捐贈支持基礎研究的政策措施。

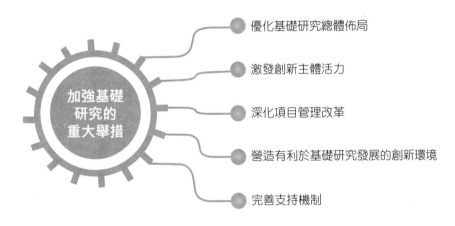

（三）加強產學研融合

黨的二十大報告指出：加強企業主導的產學研深度融合，強化目標導向，提高科技成果轉化和產業化水平。強化企業科技創新主體地位，發揮科技型骨幹企業引領支撐作用，營造有利於科技型中小微企業成長的良好環境，推動創新鏈產業鏈資金鏈人才鏈深度融合。

要進一步突出企業的技術創新主體地位，使企業真正成為技術創新決策、研發投入、科研組織、成果轉化的主體，變"要我創新"為

"我要創新"。加大國家重大創新基地和共性技術平台在企業佈局力度，促進人才、資金、技術等創新要素向企業集聚。鼓勵企業加大研發投入，進一步研究提高企業研發費用加計扣除比例。建設以大企業牽頭組織的基礎技術產品供給平台和專業化眾創平台。發揮轉制科研院所和企業科研機構作用，組建國家級工業基礎研究平台，提供關鍵共性技術創新服務。建立企業牽頭的創新聯合體承擔國家重大科技項目機制。發揮大企業引領作用，促進產業鏈上中下游、大中小企業融通創新。完善"投貸債補"聯動的金融創新支持體系。完善支持企業創新的普惠性稅收政策。

五、深入實施人才強國戰略

黨的二十大報告指出：培養造就大批德才兼備的高素質人才，是國家和民族長遠發展大計。

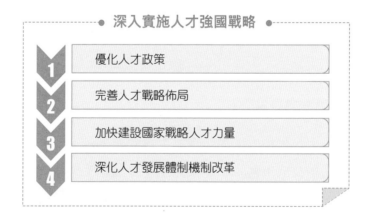

● 深入實施人才強國戰略 ●

1 優化人才政策
2 完善人才戰略佈局
3 加快建設國家戰略人才力量
4 深化人才發展體制機制改革

（一）優化人才政策

黨的二十大報告指出：堅持黨管人才原則，堅持尊重勞動、尊重知識、尊重人才、尊重創造，實施更加積極、更加開放、更加有效的人才政策，引導廣大人才愛黨報國、敬業奉獻、服務人民。

要深化人才發展體制機制改革，最大限度把廣大人才的報國情懷、奮鬥精神、創造活力激發出來。著眼於人才引進、培養、使用全鏈條，統籌兼顧推進改革創新，提升人才工作體系化建設水平，防止把人才"卡住""氣跑""埋沒"，避免人才流失和浪費。

（二）完善人才戰略佈局

黨的二十大報告指出：完善人才戰略佈局，堅持各方面人才一起抓，建設規模宏大、結構合理、素質優良的人才隊伍。加快建設世界重要人才中心和創新高地，促進人才區域合理佈局和協調發展，著力形成人才國際競爭的比較優勢。

按照系統集成、分門別類的原則，針對不同類型、不同層次的人才制定具體化、普惠性舉措，形成重點突出、層次分明、覆蓋廣泛、務實管用的人才政策體系，從而既發揮高層次人才在經濟社會發展中

加快建設世界重要人才中心和創新高地的宏偉目標

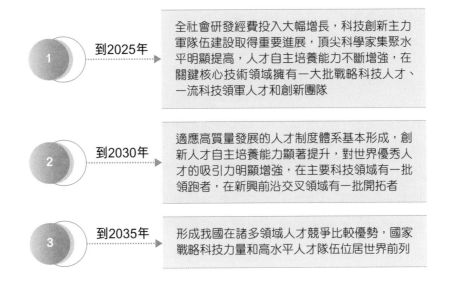

1	到2025年	全社會研發經費投入大幅增長，科技創新主力軍隊伍建設取得重要進展，頂尖科學家集聚水平明顯提高，人才自主培養能力不斷增強，在關鍵核心技術領域擁有一大批戰略科技人才、一流科技領軍人才和創新團隊
2	到2030年	適應高質量發展的人才制度體系基本形成，創新人才自主培養能力顯著提升，對世界優秀人才的吸引力明顯增強，在主要科技領域有一批領跑者，在新興前沿交叉領域有一批開拓者
3	到2035年	形成我國在諸多領域人才競爭比較優勢，國家戰略科技力量和高水平人才隊伍位居世界前列

的關鍵性作用，又發揮中級、初級人才在經濟社會發展中的基礎性作用。圍繞構建科學規範的人才評價機制，探索建立由政府、市場、專業組織、用人單位等多元主體參與的多維度人才評價體系。圍繞構建有序有效的考核評估、激勵和退出機制，建立健全高層次人才評價認定指標體系和考核評估體系。

（三）加快建設國家戰略人才力量

黨的二十大報告指出：加快建設國家戰略人才力量，努力培養造就更多大師、戰略科學家、一流科技領軍人才和創新團隊、青年科技人才、卓越工程師、大國工匠、高技能人才。

堅持實踐標準，在國家重大科技任務擔綱領銜者中發現具有深厚科學素養、長期奮戰在科研第一線，視野開闊，前瞻性判斷力、跨學科理解能力、大兵團作戰組織領導能力強的科學家。堅持長遠眼光，有意識地發現和培養更多具有戰略科學家潛質的高層次複合型人才，形成戰略科學家成長梯隊。優化領軍人才發現機制和項目團隊遴選機制，對領軍人才實行人才梯隊配套、科研條件配套、管理機制配套的特殊政策。培養適應我國製造業發展的大批卓越工程師，建設一支愛黨報國、敬業奉獻、具有突出技術創新能力、善於解決複雜工程問題的大國工匠和高技能人才隊伍。

（四）深化人才發展體制機制改革

黨的二十大報告指出：深化人才發展體制機制改革，真心愛才、悉心育才、傾心引才、精心用才，求賢若渴，不拘一格，把各方面優秀人才集聚到黨和人民事業中來。

把激發人的活力作為人才發展體制機制改革的出發點和落腳點，始終圍繞科研人員推進改革，以增強科研人員的獲得感、幸福感、安全感為標準，不斷完善符合科研規律的科研人員管理制度。

第六講

發展全過程人民民主，保障人民當家作主

 一　實施全過程人民民主

 二　堅持中國特色社會主義政治發展道路

 三　加強人民當家作主制度保障

 四　全面發展協商民主

 五　積極發展基層民主

 六　鞏固和發展最廣泛的愛國統一戰線

黨的二十大報告指出：我國是工人階級領導的、以工農聯盟為基礎的人民民主專政的社會主義國家，國家一切權力屬於人民。人民民主是社會主義的生命，是全面建設社會主義現代化國家的應有之義。

一、實施全過程人民民主

黨的二十大報告指出：全過程人民民主是社會主義民主政治的本質屬性，是最廣泛、最真實、最管用的民主。

2019 年 11 月，習近平總書記提出全過程人民民主重大理念，之後，在多個場合作出重要論述，極大深化了我們對民主政治發展規律的認識，進一步豐富和拓展了中國特色社會主義民主的政治內涵、理論內涵、實踐內涵，豐富和發展了馬克思主義民主理論，科學回答了"民主之問"、廓清了"民主迷思"，極大增強了中國人民堅持中國特色社會主義政治發展道路的自信和底氣，為豐富和發展人類政治文明貢獻了中國智慧、中國方案、中國力量。

全過程人民民主，是中國共產黨團結帶領人民追求民主、發展民主、實現民主的偉大創造，是黨不斷推進中國民主理論創新、制度創新、實踐創新的經驗結晶。全過程人民民主不僅有完整的制度程序，而且有完整的參與實踐，實現了過程民主和成果民主、程序民主和實質民主、直接民主和間接民主、人民民主和國家意志相統一，具有時間上的連續性、內容上的整體性、運行上的協同性、人民參與上的廣

全過程人民民主的鮮明特色

実現了過程民主和成果民主、程序民主和實質民主、直接民主和間接民主、人民民主和國家意志相統一

是全鏈條、全方位、全覆蓋的民主

是最廣泛、最真實、最管用的社會主義民主

泛性和持續性，是全鏈條、全方位、全覆蓋的民主，是最廣泛、最真實、最管用的民主。

 權威評論

　　王晨（全國人大常委會副委員長）：全過程人民民主是我們黨領導人民推進民主理論創新、制度創新、實踐創新的重大成果，是中國特色社會主義民主政治區別於西方形形色色資產階級民主的顯著特徵。新時代推進全面依法治國，必須堅持法治建設為了人民、依靠人民，發展更加廣泛、更加充分、更加健全的全過程人民民主，使各方面制度和國家治理更好體現人民意志、保障人民權益、激發人民創造。

　　全過程人民民主通過一系列法律和制度安排，真正將民主選舉、民主協商、民主決策、民主管理、民主監督各個環節彼此貫通起來，使人民當家作主具體地、現實地體現在黨治國理政的政策措施上，具體地、現實地體現在黨和國家機關各個方面各個層級工作上，具體地、現實地體現在實現人民對美好生活嚮往的工作上，讓中國人民全

程、有效、深入地表達自身利益訴求，參與國家政治生活。小到衣食住行，大到改革發展，人民的意願都能得到最充分的體現。

二、堅持中國特色社會主義政治發展道路

黨的二十大報告指出：必須堅定不移走中國特色社會主義政治發展道路，堅持黨的領導、人民當家作主、依法治國有機統一，堅持人民主體地位，充分體現人民意志、保障人民權益、激發人民創造活力。

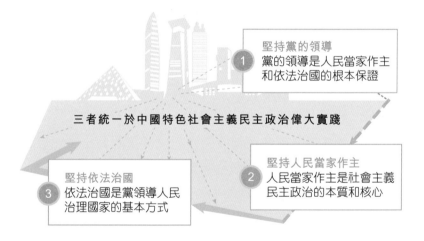

堅定不移走中國特色社會主義政治發展道路

三者統一於中國特色社會主義民主政治偉大實踐

1 堅持黨的領導
黨的領導是人民當家作主和依法治國的根本保證

2 堅持人民當家作主
人民當家作主是社會主義民主政治的本質和核心

3 堅持依法治國
依法治國是黨領導人民治理國家的基本方式

（一）堅持黨的領導

中國共產黨是最高政治領導力量，也是民主發展的領導力量。中國共產黨的領導地位，是歷史的選擇、人民的選擇。正是有了中國共產黨的堅強領導，中國人民才從根本上改變了自己的命運，中國發展才能取得舉世矚目的偉大成就，中華民族才能迎來實現偉大復興的光

明前景。中國的民主，是中國共產黨領導人民創造的民主。堅持黨的領導，是黨和國家的根本所在、命脈所在，是全國各族人民的利益所繫、幸福所繫。中國共產黨來自人民、植根人民、服務人民，發展社會主義民主，必須靠黨的領導，靠黨領航掌舵。

深閱讀

《中共中央關於黨的百年奮鬥重大成就和歷史經驗的決議》總結了中國共產黨百年奮鬥的歷史經驗，其中第一條就是"堅持黨的領導"，並明確指出："中國共產黨是領導我們事業的核心力量。中國人民和中華民族之所以能夠扭轉近代以後的歷史命運、取得今天的偉大成就，最根本的是有中國共產黨的堅強領導。歷史和現實都證明，沒有中國共產黨，就沒有新中國，就沒有中華民族偉大復興。"這一重要歷史結論，是從中國共產黨百年奮鬥歷程和正反兩方面的經驗教訓中得出的科學認識，是被實踐反覆證明了的科學真理。

（摘編自《堅持黨的領導——學習領會中國共產黨百年奮鬥的歷史經驗①》，《解放軍報》，2022年1月7日，作者：范晶）

（二）堅持人民當家作主

人民當家作主是社會主義民主政治的本質和核心，是我們黨始終不渝的奮鬥目標。發展中國特色社會主義民主，就是要體現人民意志、保障人民權益、激發人民創造活力，用制度體系保障人民當家作主。中國特色社會主義民主是維護人民群眾根本利益的最廣泛、最真實、最管用的民主。人民是否享有民主權利，既要看人民是否在選舉時有投票的權利，也要看人民在日常政治生活中是否有持續參與的權利；既要看人民有沒有參與民主選舉的權利，也要看人民有沒有參與民主協商、民主決策、民主管理、民主監督的權利。新中國成立以來，我們不斷擴大人民群眾有序政治參與，保證人民廣泛參加國家治理和社會治理，使廣大人民群眾無論從形式上還是從實質上都成為國家的主人，真正實現了人民當家作主。

（三）堅持依法治國

黨的二十大報告指出：我們要健全人民當家作主制度體系，擴大人民有序政治參與，保證人民依法實行民主選舉、民主協商、民主決策、民主管理、民主監督，發揮人民群眾積極性、主動性、創造性，鞏固和發展生動活潑、安定團結的政治局面。

法治是民主長期穩定發展的重要支持和保障。中國特色社會主義民主堅持民主與法治相輔相成，有力的法治保障成為中國特色社會主義民主的一大鮮明特徵。黨領導人民制定憲法和法律，同時保證執法、支持司法、帶頭守法，通過法定程序使黨的主張成為國家意志、形成法律，通過法律保障黨的政策有效實施、保障人民當家作主。

三、加強人民當家作主制度保障

黨的二十大報告指出：堅持和完善我國根本政治制度、基本政治制度、重要政治制度，拓展民主渠道，豐富民主形式，確保人民依法通過各種途徑和形式管理國家事務，管理經濟和文化事業，管理社會事務。

（一）健全人民代表大會制度

黨的二十大報告指出：支持和保證人民通過人民代表大會行使國

家權力，保證各級人大都由民主選舉產生、對人民負責、受人民監督。支持和保證人大及其常委會依法行使立法權、監督權、決定權、任免權，健全人大對行政機關、監察機關、審判機關、檢察機關監督制度，維護國家法治統一、尊嚴、權威。加強人大代表工作能力建設，密切人大代表同人民群眾的聯繫。健全吸納民意、匯集民智工作機制，建設好基層立法聯繫點。

健全人民代表大會制度

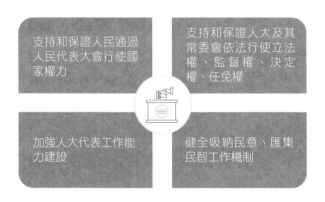

人民代表大會制度是我國的根本政治制度，是實現全過程人民民主的重要制度載體，是中國人民當家作主的根本途徑和最高實現形式。人民代表大會制度符合我國國情和實際、體現社會主義國家性質、保證人民當家作主，是適合我國國情的好制度。在黨的領導下，人民代表大會制度保證了人民依法享有廣泛權利和自由，人民依法行使選舉權利，民主選舉產生人大代表，並通過法定和有序的途徑、渠道、方式、程序享有知情權、參與權、表達權、監督權。各級人民代表大會依法履職，通過座談、論證、諮詢、聽證等廣泛徵求和充分聽取各方面意見，推進人大協商、立法協商，最大限度吸納民意、匯集民智，把各方面社情民意統一於最廣大人民根本利益之中。

權威聲音

習近平（中共中央總書記、國家主席、中央軍委主席）：人民代表大會制度，堅持中國共產黨領導，堅持馬克思主義國家學說的基本原則，適應人民民主專政的國體，有效保證國家沿著社會主義道路前進。人民代表大會制度，堅持國家一切權力屬於人民，最大限度保障人民當家作主，把黨的領導、人民當家作主、依法治國有機統一起來，有效保證國家治理跳出治亂興衰的歷史周期率。人民代表大會制度，正確處理事關國家前途命運的一系列重大政治關係，實現國家統一高效組織各項事業，維護國家統一和民族團結，有效保證國家政治生活既充滿活力又安定有序。

（二）深化群團組織改革和建設

黨的二十大報告指出：深化工會、共青團、婦聯等群團組織改革和建設，有效發揮橋樑紐帶作用。

黨領導下的工會、共青團、婦聯等群團組織是人民群眾利益整合、協商的重要平台，在表達所代表的群眾利益、協調社會利益關係、維護社會和諧穩定方面具有不可替代的優勢，發揮著組織群眾、引導群眾、服務群眾、維護群眾合法權益的重要職能。群團組織開展工作和活動要以群眾為中心，深入基層、深入群眾，增進對群眾的真摯感情，爭當全心全意為人民服務根本宗旨的忠實踐行者、黨的群眾路線的堅定執行者、黨的群眾工作的行家裏手。

（三）堅持走中國人權發展道路

黨的二十大報告指出：堅持走中國人權發展道路，積極參與全球人權治理，推動人權事業全面發展。

　　人權是歷史的、具體的、現實的，不能脫離一個國家的社會政治條件和歷史文化傳統。評價一個國家是否有人權，不能以別的國家標準來衡量，更不能把人權當作干涉別國內政的政治工具，各國都有權利選擇自己的人權發展道路，各國之間應該相互尊重、相互包容、相互交流、相互借鑒。中國共產黨團結帶領人民為爭取人權、尊重人權、保障人權、發展人權，充分激發廣大人民群眾積極性、主動性、創造性，讓人民成為人權事業發展的參與者、促進者、受益者，切實推動人的全面發展、全體人民共同富裕取得實質性進展，走出了一條順應時代潮流、適合本國國情的人權發展道路。

　　2022 年 2 月 25 日，習近平總書記在十九屆中央政治局第三十七次集體學習時，闡明了中國人權發展道路 6 個方面的主要特徵：一是堅持中國共產黨領導，中國共產黨領導和我國社會主義制度，決定了我國人權事業的社會主義性質；二是堅持尊重人民主體地位，人民性是中國人權發展道路最顯著的特徵；三是堅持從我國實際出發，我們把人權普遍性原則同中國實際結合起來，從我國國情和人民要求出發推動人權事業發展；四是堅持以生存權、發展權為首要的基本人權，生存是享有一切人權的基礎，人民幸福生活是最大的人權；五是堅持依法保障人權，堅持法律面前人人平等；六是堅持積極參與全球人權治理，弘揚全人類共同價值。

四、全面發展協商民主

　　黨的二十大報告指出：協商民主是實踐全過程人民民主的重要形式。完善協商民主體系，統籌推進政黨協商、人大協商、政府協商、政協協商、人民團體協商、基層協商以及社會組織協商，健全各種制度化協商平台，推進協商民主廣泛多層制度化發展。

協商民主是中國特色社會主義民主政治中獨特的、獨有的、獨到的民主形式，具體包括政黨協商、人大協商、政府協商、政協協商、人民團體協商、基層協商和社會組織協商7種協商渠道。黨的十八大以來，協商民主的渠道、內容、方式、運行機制等不斷豐富發展，形成了中國特色協商民主體系，通過協商民主渠道，各民主黨派、人民團體、社會階層參政議政的能力、水平和效果都達到新的高度。

我國協商民主的7種協商渠道

黨的二十大報告指出：堅持和完善中國共產黨領導的多黨合作和政治協商制度，堅持黨的領導、統一戰線、協商民主有機結合，堅持發揚民主和增進團結相互貫通、建言資政和凝聚共識雙向發力，發揮人民政協作為專門協商機構作用，加強制度化、規範化、程序化等功能建設，提高深度協商互動、意見充分表達、廣泛凝聚共識水平，完善人民政協民主監督和委員聯繫界別群眾制度機制。

中國共產黨領導的多黨合作和政治協商制度作為我國的一項基本政治制度，具體形式包括政治協商、民主監督、參政議政。它植根於中華民族生存和發展的深厚土壤，產生於中國共產黨同各民主黨派和無黨派人士團結奮鬥的風雨征程，發展於建設中國特色社會主義的偉大實踐。它既強調中國共產黨的領導，也強調發揚社會主義民主，是中國共產黨和中國人民的偉大政治創造。

人民政協是中國共產黨領導的多黨合作和政治協商的重要機構，是實行我國新型政黨制度的重要政治形式和組織形式。人民政協要總結運用和豐富發展多黨合作和政治協商的寶貴經驗，不斷推進理論創新、制度創新和工作創新，進一步把中國共產黨領導的多黨合作和政治協商制度堅持好、完善好、運用好、發揮好。

五、積極發展基層民主

黨的二十大報告指出：基層民主是全過程人民民主的重要體現。

（一）健全基層群眾自治機制

黨的二十大報告指出：健全基層黨組織領導的基層群眾自治機制，加強基層組織建設，完善基層直接民主制度體系和工作體系，增強城鄉社區群眾自我管理、自我服務、自我教育、自我監督的實效。完善辦事公開制度，拓寬基層各類群體有序參與基層治理渠道，保障人民依法管理基層公共事務和公益事業。

我國實行以村民自治制度、居民自治制度為主要內容的基層群眾自治制度，人民群眾在基層黨組織的領導和支持下，依法直接行使民主權利，實現自我管理、自我服務、自我教育、自我監督，增強了基層群眾的民主意識和民主能力，培養了基層群眾的民主習慣，有效防止了人民形式上有權、實際上無權的現象，充分彰顯了中國民主的廣泛性和真實性，為建設人人有責、人人盡責、人人享有的基層治理共同體提供了堅實制度保障。

（二）健全企事業單位民主管理制度

黨的二十大報告指出：全心全意依靠工人階級，健全以職工代表大會為基本形式的企事業單位民主管理制度，維護職工合法權益。

職工代表大會等制度是體現工人階級地位的重要形式，職工代表大會在企事業單位重大決策和涉及職工切身利益等重大事項上發揮著積極作用。同時，企事業單位推行職工董事、職工監事制度，全面實行廠務公開制度，探索領導接待日、勞資懇談會、領導信箱等形式，反映職工訴求，協調勞動關係和保障職工合法權益，有效維護了職工合法權益。

六、鞏固和發展最廣泛的愛國統一戰線

黨的二十大報告指出：人心是最大的政治，統一戰線是凝聚人心、匯聚力量的強大法寶。

（一）完善大統戰工作格局

黨的二十大報告指出：完善大統戰工作格局，堅持大團結大聯合，動員全體中華兒女圍繞實現中華民族偉大復興中國夢一起來想、一起來幹。

習近平總書記指出，"關於做好新時代黨的統一戰線工作的重要思想，是黨的統一戰線百年發展史的智慧結晶，是新時代統戰工作的根本指針"。統一戰線是我們黨克敵制勝、執政興國的重要法寶，也是團結海內外全體中華兒女實現中華民族偉大復興的重要法寶。要發揮好統戰部門瞭解情況、掌握政策、協調關係、安排人事、增進共識、加強團結等職能作用，謀求最大公約數，畫出最大同心圓，把全體中華兒女的主動性積極性充分調動和激發出來。

（二）發揮新型政黨制度優勢

　　黨的二十大報告指出：發揮我國社會主義新型政黨制度優勢，堅持長期共存、互相監督、肝膽相照、榮辱與共，加強同民主黨派和無黨派人士的團結合作，支持民主黨派加強自身建設、更好履行職能。

　　習近平總書記指出，我國新型政黨制度，"新就新在它是馬克思主義政黨理論同中國實際相結合的產物，能夠真實、廣泛、持久代表和實現最廣大人民根本利益、全國各族各界根本利益，有效避免了舊式政黨制度代表少數人、少數利益集團的弊端；新就新在它把各個政黨和無黨派人士緊密團結起來、為著共同目標而奮鬥，有效避免了一黨缺乏監督或者多黨輪流坐莊、惡性競爭的弊端；新就新在它通過制度化、程序化、規範化的安排集中各種意見和建議、推動決策科學化民主化，有效避免了舊式政黨制度囿於黨派利益、階級利益、區域和集團利益決策施政導致社會撕裂的弊端"。習近平總書記的這一重要

我國新型政黨制度的三大優勢

能夠真實、廣泛、持久代表和實現最廣大人民根本利益、全國各族各界根本利益，有效避免了舊式政黨制度代表少數人、少數利益集團的弊端

把各個政黨和無黨派人士緊密團結起來、為著共同目標而奮鬥，有效避免了一黨缺乏監督或者多黨輪流坐莊、惡性競爭的弊端

通過制度化、程序化、規範化的安排集中各種意見和建議、推動決策科學化民主化，有效避免了舊式政黨制度囿於黨派利益、階級利益、區域和集團利益決策施政導致社會撕裂的弊端

講話深刻闡明了我國新型政黨制度的豐富內涵和鮮明特點，為新時代堅持好、發展好、完善好我國新型政黨制度指明了前進方向。

（三）鑄牢中華民族共同體意識

黨的二十大報告指出：以鑄牢中華民族共同體意識為主線，堅定不移走中國特色解決民族問題的正確道路，堅持和完善民族區域自治制度，加強和改進黨的民族工作，全面推進民族團結進步事業。

民族團結是我國各族人民的生命線，中華民族共同體意識是民族團結之本。鑄牢中華民族共同體意識是新時代黨的民族工作的主線，是實現中華民族偉大復興的基礎性工程。要增進各族群眾對偉大祖國、中華民族、中華文化、中國共產黨、中國特色社會主義的認同，牢固樹立正確的祖國觀、民族觀、文化觀、歷史觀，構築各民族共有精神家園。要使全國各族人民像愛護自己的眼睛一樣珍惜民族團結，維護全國各族人民大團結的政治局面，堅決維護國家主權、安全、發展利益，築牢國家統一、民族團結的鋼鐵長城。

（四）堅持宗教中國化方向

黨的二十大報告指出：堅持我國宗教中國化方向，積極引導宗教與社會主義社會相適應。

推進我國宗教中國化，堅持宗教獨立自主自辦原則，引導和支持我國宗教以社會主義核心價值觀為引領，增進宗教界人士和信教群眾對偉大祖國、中華民族、中華文化、中國共產黨、中國特色社會主義的認同，在宗教界開展愛國主義、集體主義、社會主義教育，引導宗教界人士、信教群眾培育和踐行社會主義核心價值觀，弘揚中華文化。

（五）密切團結黨外人士

黨的二十大報告指出：加強黨外知識分子思想政治工作，做好新的社會階層人士工作，強化共同奮鬥的政治引領。

黨外知識分子和新的社會階層人士是中國共產黨領導的多黨合作和政治協商制度的重要組成部分，是中國特色社會主義參政力量。更好地把他們團結在黨的周圍、發揮他們的重要作用，對於提升我國新型政黨制度效能、為實現中華民族偉大復興更加廣泛地凝聚人心和智慧，具有重要意義。

（六）支持非公有制經濟發展

黨的二十大報告指出：全面構建親清政商關係，促進非公有制經濟健康發展和非公有制經濟人士健康成長。

毫不動搖地鼓勵、支持、引導非公有制經濟發展，為非公有制經濟發展提供更多機會。推動構建親不逾矩、清不遠疏的政商關係，營造有利於民營經濟發展的政策環境、法治環境、市場環境、社會環境。

（七）加強和改進僑務工作

黨的二十大報告指出：加強和改進僑務工作，形成共同致力民族復興的強大力量。

以凝聚僑心僑力、同圓共享中國夢為主題，最大限度地把海外僑胞和歸僑僑眷中蘊藏的巨大能量凝聚起來、發揮出來，促進經濟社會發展、促進祖國和平統一、促進中外合作交流。

第七講

堅持全面依法治國，推進法治中國建設

黨的二十大報告指出：全面依法治國是國家治理的一場深刻革命，關係黨執政興國，關係人民幸福安康，關係黨和國家長治久安。必須更好發揮法治固根本、穩預期、利長遠的保障作用，在法治軌道上全面建設社會主義現代化國家。

一、堅持走中國特色社會主義法治道路

　　黨的二十大報告指出：我們要堅持走中國特色社會主義法治道路，建設中國特色社會主義法治體系、建設社會主義法治國家，圍繞保障和促進社會公平正義，堅持依法治國、依法執政、依法行政共同推進，堅持法治國家、法治政府、法治社會一體建設，全面推進科學立法、嚴格執法、公正司法、全民守法，全面推進國家各方面工作法治化。

中國特色社會主義法治道路的核心要義	
中國共產黨的領導	是中國特色社會主義最本質的特徵，是社會主義法治最根本的保證
中國特色社會主義制度	是中國特色社會主義法治體系的根本制度基礎，是全面推進依法治國的根本制度保障
中國特色社會主義法治理論	是中國特色社會主義法治體系的理論指導和學理支撐，是全面推進依法治國的行動指南

中國特色社會主義法治道路，是社會主義法治建設成就和經驗的集中體現，是建設社會主義法治國家的唯一正確道路。全面推進依法治國，必須堅持走中國特色社會主義法治道路，建設中國特色社會主義法治體系，建設社會主義法治國家，這是全面推進依法治國的總目標。

習近平總書記指出，全面依法治國是國家治理的一場深刻革命，是中國特色社會主義的本質要求和重要保障。全面建設社會主義現代化國家、實現中華民族偉大復興的中國夢，全面深化改革、完善和發展中國特色社會主義制度，提高黨的執政能力和執政水平，必須全面推進依法治國。

黨的十八大以來，全面依法治國被納入"四個全面"戰略佈局，黨的十八屆四中全會對此專門作出部署，這在黨的歷史上、在新中國歷史上還是第一次。黨的十八屆四中全會還系統闡述了全面依法治國的重點任務，提出了"五大法治體系"，即加快形成完備的法律規範體系、高效的法治實施體系、嚴密的法治監督體系、有力的法治保障體系，形成完善的黨內法規體系；堅持"一個共同推進"，即依法治國、依法執政、依法行政共同推進；堅持"一個一體建設"，即法治國家、法治政府、法治社會一體建設；全面推進科學立法、嚴格執法、公正司法、全民守法。

二、完善以憲法為核心的中國特色社會主義法律體系

中國特色社會主義法律體系，是中國特色社會主義永葆本色的法制根基，是中國特色社會主義創新實踐的法制體現，是中國特色社會主義興旺發達的法制保障。

（一）堅持維護憲法權威

　　黨的二十大報告指出：堅持依法治國首先要堅持依憲治國，堅持依法執政首先要堅持依憲執政，堅持憲法確定的中國共產黨領導地位不動搖，堅持憲法確定的人民民主專政的國體和人民代表大會制度的政體不動搖。加強憲法實施和監督，健全保證憲法全面實施的制度體系，更好發揮憲法在治國理政中的重要作用，維護憲法權威。

　　憲法是國家的根本法，是治國安邦的總章程，是黨和人民意志的集中體現。我國憲法確立了中國共產黨的領導地位。堅持黨的全面領導，不僅是全黨的意志，也是國家的意志、人民的意志。堅持黨的全面領導和全面依法治國是一致的。堅持依法治國最首要的是依憲治國，堅持依法執政最首要的是依憲執政。習近平總書記反覆強調，我們講依憲治國、依憲執政，同西方所謂"憲政"有著本質區別。總體上說，在當代中國，"憲政"這個概念是不適用的。中國共產黨領導並長期執政，就是堅定貫徹以憲法為核心的依憲治國、依憲執政。其

 權威評論

　　李飛（全國人大憲法和法律委員會主任委員）：我國現行憲法頒佈實施40周年來，有力堅持了中國共產黨領導，有力保障了人民當家作主，有力促進了改革開放和社會主義現代化建設，有力推動了社會主義法治國家進程，有力促進了人權事業發展，有力維護了國家統一、民族團結、社會和諧穩定。為此，習近平總書記深刻指出，我國憲法是符合國情、符合實際、符合時代發展要求的好憲法，是我們國家和人民經受住各種困難和風險考驗、始終沿著中國特色社會主義道路前進的根本法制保證。

精髓在於中國共產黨是國家最高政治領導力量，黨領導人民制定和實施憲法法律，黨堅持在憲法法律範圍內活動，這比西方所謂的"憲政民主"更廣泛、更真實、更管用。我們必須保持高度的政治警惕性和政治鑒別力，防止有人借機渲染炒作西方"憲政"理念和模式，進而否定中國共產黨領導和我國社會主義制度。

（二）切實完善立法工作

黨的二十大報告指出：加強重點領域、新興領域、涉外領域立法，統籌推進國內法治和涉外法治，以良法促進發展、保障善治。推進科學立法、民主立法、依法立法，統籌立改廢釋纂，增強立法系統

黨的十八大以來，我國立法工作取得重要進展

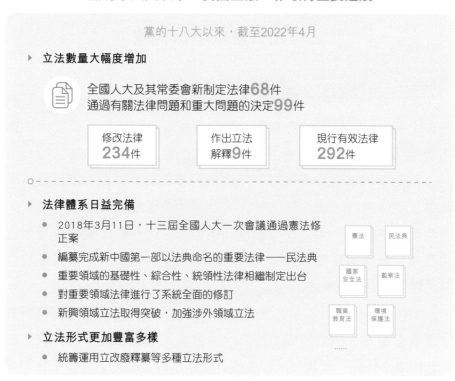

黨的十八大以來，截至2022年4月

▸ **立法數量大幅度增加**

全國人大及其常委會新制定法律**68**件
通過有關法律問題和重大問題的決定**99**件

| 修改法律 **234**件 | 作出立法解釋 **9**件 | 現行有效法律 **292**件 |

▸ **法律體系日益完備**

- 2018年3月11日，十三屆全國人大一次會議通過憲法修正案
- 編纂完成新中國第一部以法典命名的重要法律——民法典
- 重要領域的基礎性、綜合性、統領性法律相繼制定出台
- 對重要領域法律進行了系統全面的修訂
- 新興領域立法取得突破，加強涉外領域立法

▸ **立法形式更加豐富多樣**

- 統籌運用立改廢釋纂等多種立法形式

憲法　民法典
國家安全法　監察法
職業教育法　環境保護法
……

數據來源："中國這十年"系列主題新聞發佈會

性、整體性、協同性、時效性。完善和加強備案審查制度。堅持科學決策、民主決策、依法決策，全面落實重大決策程序制度。

增強立法系統性、整體性、協同性、時效性。健全常態化、系統化的立法需求調研和立法資源分配機制，加強全國統一的立法建議收集和協同研究平台建設，加強立法規劃指引作用，加強關聯領域一攬子推進立法的機制建設，有效克服部門主義、避免重複立法、減少相互衝突等現象。推進以法典化為牽引、以體系化為支撐的高質量立法。把握好法典編纂的規律和特點，注重法典化思維養成，有效匯聚各方面的智慧和共識，適時推動條件成熟的法典編纂工作。完善黨內法規與國家法律的有機銜接。加強對關聯領域、共同對象行使職權的機制銜接，有效融合依規治黨、依法治國的優勢。

三、扎實推進依法行政

黨的二十大報告指出：法治政府建設是全面依法治國的重點任務和主體工程。轉變政府職能，優化政府職責體系和組織結構，推進機構、職能、權限、程序、責任法定化，提高行政效率和公信力。深化事業單位改革。深化行政執法體制改革，全面推進嚴格規範公正文明執法，加大關係群眾切身利益的重點領域執法力度，完善行政執法程序，健全行政裁量基準。強化行政執法監督機制和能力建設，嚴格落實行政執法責任制和責任追究制度。完善基層綜合執法體制機制。

加快轉變政府職能，用法治給行政權力定規矩、劃界限，堅持法定職責必須為、法無授權不可為，著力實現政府職能深刻轉變，把該管的事務管好、管到位，形成邊界清晰、分工合理、權責一致、運行高效、法治保障的政府機構職能體系。完善行政決策合法性審查制

《法治政府建設實施綱要（2021—2025年）》
規定的法治政府建設的總體目標

| 總體目標 | 到 2025 年 | 政府行為全面納入法治軌道，職責明確、依法行政的政府治理體系日益健全，行政執法體制機制基本完善，行政執法質量和效能大幅提升，突發事件應對能力顯著增強，各地區各層級法治政府建設協調並進，更多地區實現率先突破，為到2035年基本建成法治國家、法治政府、法治社會奠定堅實基礎 |

度，規範決策程序，健全政府守信踐諾機制，打造市場化、法治化、國際化營商環境，全面提高法治政府建設水平。打牢執法為民的思想基礎，建立權責統一、權威高效的行政執法機制，深化執法體制改革，開展精準執法、柔性執法，嚴防機械辦案、功利執法，保證行政機關及其工作人員嚴格規範公正文明執法，讓執法既有力度又有溫度，做到執法要求與執法形式相統一、執法效果與社會效果相統一。

四、嚴格公正司法

黨的二十大報告指出：公正司法是維護社會公平正義的最後一道防線。深化司法體制綜合配套改革，全面準確落實司法責任制，加快建設公正高效權威的社會主義司法制度，努力讓人民群眾在每一個司法案件中感受到公平正義。規範司法權力運行，健全公安機關、檢察機關、審判機關、司法行政機關各司其職、相互配合、相互制約的體制機制。強化對司法活動的制約監督，促進司法公正。加強檢察機關法律監督工作。完善公益訴訟制度。

我國執法司法公信力顯著提升

2017年7月—2022年6月底	2018—2020年的掃黑除惡專項鬥爭
立案公益訴訟案件 67萬餘件	打掉涉黑組織 **3,644個** 打掉涉惡犯罪集團 **11,675個**

數據來源："中國這十年"系列主題新聞發佈會

　　當前司法領域司法不作為、慢作為、亂作為和導向不明、尺度不一、制約不力等問題仍然存在，要改變這種狀況，一是強化司法公正的價值引導，健全社會主義核心價值觀有效融入司法機制，全面落實司法責任制，推進審判體系和審判能力現代化。二是有效統一司法標準和尺度。健全完善上級機關集中對下級機關分歧問題的收集、研究、反饋、發佈機制，積極運用大數據推送類似案例等措施健全法律

深閱讀

　　黨的十八大以來，黨中央深入推進司法體制改革，採取各種有力舉措，推進政法領域全面深化改革，加強對執法司法活動的監督制約，開展政法隊伍教育整頓，依法糾正冤錯案件，確保執法司法公正廉潔高效權威。立法更具針對性、有效性、可操作性。通過憲法修正案，制定民法典、外商投資法、國家安全法、監察法等法律，修改立法法、國防法、環境保護法等法律，加強重點領域、新興領域、涉外領域立法，加快完善以憲法為核心的中國特色社會主義法律體系。

（摘編自《奉法者強則國強》，《求是》，2022年第8期）

統一適用機制，構建全域、全員、全程促進法治統一的工作格局，排除各種法外力量對依法判案的干預，堅決杜絕違法辦案和越權辦案。三是完善司法監督制約體系。破解對監督者有效監督難的問題，扭轉重監督輕制約和監督重程序輕實體、重大錯輕小錯的失衡現象。深入推進審判公開、檢務公開，以公開促公正。

五、加快建設法治社會

　　黨的二十大報告指出：法治社會是構築法治國家的基礎。弘揚社會主義法治精神，傳承中華優秀傳統法律文化，引導全體人民做社會主義法治的忠實崇尚者、自覺遵守者、堅定捍衛者。建設覆蓋城鄉的現代公共法律服務體系，深入開展法治宣傳教育，增強全民法治觀念。推進多層次多領域依法治理，提升社會治理法治化水平。發揮領導幹部示範帶頭作用，努力使尊法學法守法用法在全社會蔚然成風。

　　法治信仰不足、義務觀念薄弱、人情羈絆突出等問題是影響和制約法治社會建設的難點問題，並且具有長期性、複雜性。為此，要完善法治宣傳教育的機制，加強對習近平法治思想進行通俗化闡釋，強化立法說明、司法說理，推動普法工作與時俱進創新發展，創新法治宣傳方式，在提高針對性、實效性上狠下工夫，強化典型案例對

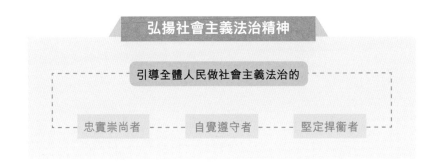

權威評論

　　陳一新（中央政法委委員、秘書長，國家安全部部長）：法治社會是構築法治國家的基礎。如何做到全體人民信仰法治、厲行法治，是一項長期基礎性工程。我們要弘揚社會主義法治精神，傳承中華優秀傳統法律文化，深入開展法治宣傳教育，發揮領導幹部示範帶頭作用，推動習近平法治思想深入人心，使尊法學法守法用法在全社會蔚然成風。

公眾的行為指引。強化正確法治思維的影響力，加強對公民義務觀念、公共意識、依法維權理念的培養，善於運用新技術新方法，春風化雨、潤物無聲地提升全民法治素養，有力糾正"法不責眾""法外施恩""信訪不信法"等不良現象，營造公平、透明、可預期的法治環境。

第八講

推進文化自信自強，鑄就社會主義文化新輝煌

一　建設具有強大凝聚力和引領力的社會主義意識形態

二　廣泛踐行社會主義核心價值觀

三　提高全社會文明程度

四　繁榮發展文化事業和文化產業

五　增強中華文明傳播力影響力

黨的二十大報告指出：全面建設社會主義現代化國家，必須堅持中國特色社會主義文化發展道路，增強文化自信，圍繞舉旗幟、聚民心、育新人、興文化、展形象建設社會主義文化強國，發展面向現代化、面向世界、面向未來的，民族的科學的大眾的社會主義文化，激發全民族文化創新創造活力，增強實現中華民族偉大復興的精神力量。

　　文化興國運興，文化強民族強。中華民族實現從站起來、富起來到強起來的偉大飛躍，必然要求文化的大發展大繁榮，必然呼喚建設社會主義文化強國。

　　黨的二十大報告指出：我們要堅持馬克思主義在意識形態領域指導地位的根本制度，堅持為人民服務、為社會主義服務，堅持百花齊放、百家爭鳴，堅持創造性轉化、創新性發展，以社會主義核心價值觀為引領，發展社會主義先進文化，弘揚革命文化，傳承中華優秀傳統文化，滿足人民日益增長的精神文化需求，鞏固全黨全國各族人民團結奮鬥的共同思想基礎，不斷提升國家文化軟實力和中華文化影響力。

一、建設具有強大凝聚力和引領力的社會主義意識形態

　　黨的二十大報告指出：意識形態工作是為國家立心、為民族立魂

的工作。牢牢掌握黨對意識形態工作領導權，全面落實意識形態工作責任制，鞏固壯大奮進新時代的主流思想輿論。健全用黨的創新理論武裝全黨、教育人民、指導實踐工作體系。

社會主義意識形態關係舉什麼旗、走什麼路，關係以什麼樣的精神狀態實現奮鬥目標。只有固本培元、凝魂聚力，不斷增強社會主義意識形態凝聚力和引領力，才能不斷鞏固馬克思主義在意識形態領域的指導地位，鞏固全黨全國各族人民團結奮鬥的共同思想基礎。隨著我國經濟社會的深刻變革和利益格局的深刻調整，社會思想觀念日益複雜多元，引領思想發展、凝聚思想共識的任務更加艱巨。面對複雜形勢和艱巨任務，更需要增強社會主義意識形態的凝聚力和引領力。社會主義意識形態的凝聚力和引領力來自馬克思主義的科學性、真理性、人民性、實踐性、開放性、時代性，來自馬克思主義中國化時代化最新成果對實踐展現出的強大解釋力和指導力。必須牢牢掌握意識形態工作領導權，全面落實意識形態工作責任制，堅持黨管宣傳、黨管陣地、黨管輿論、黨管媒體，做到守土有責、守土負責、守土盡責，不斷創新意識形態工作方式方法，將主流意識形態中的政治話

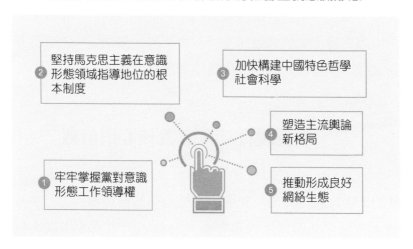

建設具有強大凝聚力和引領力的社會主義意識形態

2 堅持馬克思主義在意識形態領域指導地位的根本制度

3 加快構建中國特色哲學社會科學

4 塑造主流輿論新格局

1 牢牢掌握黨對意識形態工作領導權

5 推動形成良好網絡生態

語、理論話語、學術話語轉化為人民群眾喜聞樂見的生活話語，切實增強意識形態工作的針對性和實效性，讓意識形態工作為改革發展穩定明確思想引領、匯聚強大力量、凝聚廣泛共識。

黨的二十大報告還指出：深入實施馬克思主義理論研究和建設工程，加快構建中國特色哲學社會科學學科體系、學術體系、話語體系，培育壯大哲學社會科學人才隊伍。加強全媒體傳播體系建設，塑造主流輿論新格局。健全網絡綜合治理體系，推動形成良好網絡生態。

2016 年 5 月 17 日，習近平總書記在哲學社會科學工作座談會上的講話中指出："只有以我國實際為研究起點，提出具有主體性、原創性的理論觀點，構建具有自身特質的學科體系、學術體系、話語體系，我國哲學社會科學才能形成自己的特色和優勢。" 堅持以馬克思主義為指導，是當代中國特色哲學社會科學建設的根本標誌。中國特色哲學社會科學要立足中國、借鑒國外，挖掘歷史、把握當代，關懷人類、面向未來，構建具有自身特色的學科體系、學術體系、話語體系，切實增強主體性、原創性，把研究回答新時代重大理論和現實問題作為主攻方向，從理論和實踐層面總結概括 "中國道路""中國經驗""中國方案" 蘊含的世界觀和方法論，探究全面建設社會主義現代化國家、實現中華民族偉大復興的規律性和獨特性，建設具有中國特色、中國風格、中國氣派的哲學社會科學理論體系，為鞏固馬克思主義在意識形態領域的指導地位提供學理支撐。

二、廣泛踐行社會主義核心價值觀

黨的二十大報告指出：社會主義核心價值觀是凝聚人心、匯聚民力的強大力量。弘揚以偉大建黨精神為源頭的中國共產黨人精神譜系，用好紅色資源，深入開展社會主義核心價值觀宣傳教育，深化愛國主義、集體主義、社會主義教育，著力培養擔當民族復興大任的時代新人。推動理想信念教育常態化制度化，持續抓好黨史、新中國史、改革開放史、社會主義發展史宣傳教育，引導人民知史愛黨、知史愛國，不斷堅定中國特色社會主義共同理想。用社會主義核心價值觀鑄魂育人，完善思想政治工作體系，推進大中小學思想政治教育一體化建設。堅持依法治國和以德治國相結合，把社會主義核心價值觀融入法治建設、融入社會發展、融入日常生活。

廣泛踐行社會主義核心價值觀

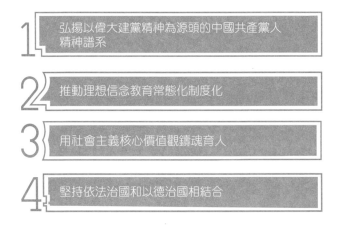

1 弘揚以偉大建黨精神為源頭的中國共產黨人精神譜系

2 推動理想信念教育常態化制度化

3 用社會主義核心價值觀鑄魂育人

4 堅持依法治國和以德治國相結合

核心價值觀是一個民族賴以維繫的精神紐帶，是一個國家共同的道德基礎。社會主義核心價值觀是中國特色社會主義的價值表達，是黨的理論創新成果的重要內容，是當代中國精神的集中體現，是全體人民共同的價值追求，是凝聚民心匯聚民力的強大力量。社會主義核心價值觀源於中國獨特的文化傳統、獨特的歷史命運、獨特的基本國情，是植根於中華文化沃土又具有當代中國特色的價值觀。偉大鬥爭需要眾志成城，偉大工程需要堅定一致，偉大事業需要聚力推進，偉大夢想需要同心共築，全面建設社會主義現代化國家、全面推進中華民族偉大復興必須廣泛踐行社會主義核心價值觀。

要推動社會主義核心價值觀融入思想道德教育、文化知識教育、社會實踐教育各環節，貫穿啟蒙教育、基礎教育、職業教育、高等教育各領域，體現到教材教學、校風學風建設之中，體現到高校思想政治工作全過程。突出思想內涵，明確價值導向，把培育和踐行社會主義核心價值觀作為文明城市、文明村鎮、文明單位、文明家庭、文明校園創建的根本任務，推動廣大文化工作者踐行社會主義核心價值觀，堅持以人民為中心的創作導向，高揚愛國主義主旋律，唱響時代正氣歌。不斷深化未成年人思想道德建設，堅持從娃娃抓起，教育引導廣大青少年樹立遠大志向、培育美好心靈，扣好人生第一粒扣子，打牢思想之基、價值觀之基。

三、提高全社會文明程度

黨的二十大報告指出：實施公民道德建設工程，弘揚中華傳統美德，加強家庭家教家風建設，加強和改進未成年人思想道德建設，推動明大德、守公德、嚴私德，提高人民道德水準和文明素養。

堅持道德認知與道德實踐相結合、道德教育與法治保障相統一，發揮各類陣地道德教育作用，抓好重點群體的教育引導，傳承中華優秀傳統文化、弘揚革命文化、發展社會主義先進文化，扎實推進社會公德、職業道德、家庭美德、個人品德建設，持續強化教育引導、實踐養成、制度保障，激發人們形成善良的道德意願、道德情感，培育正確的道德判斷和道德責任。堅持重在建設、以立為本，堅持久久為功、持之以恒，把立德樹人貫穿教育全過程，育德於心、成德於行、弘德於治，用良好家教家風涵育道德品行，以先進模範引領道德風尚，以正確輿論營造良好道德環境，以優秀文藝作品陶冶道德情操，

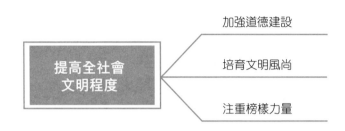

提高全社會
文明程度

加強道德建設

培育文明風尚

注重榜樣力量

努力推動形成適應新時代要求的思想觀念、精神面貌、文明風尚、行為規範。

黨的二十大報告還指出：統籌推動文明培育、文明實踐、文明創建，推進城鄉精神文明建設融合發展，在全社會弘揚勞動精神、奮鬥精神、奉獻精神、創造精神、勤儉節約精神，培育時代新風新貌。加強國家科普能力建設，深化全民閱讀活動。完善志願服務制度和工作體系。弘揚誠信文化，健全誠信建設長效機制。發揮黨和國家功勳榮譽表彰的精神引領、典型示範作用，推動全社會見賢思齊、崇尚英雄、爭做先鋒。

要加強社會主義精神文明建設，弘揚勞模精神、勞動精神、工匠精神、優秀企業家精神、科學家精神，深化群眾性精神文明創建活動，發揮政策法律保障作用、先進人物示範作用、優秀文藝作品熏陶作用，使全體人民保持昂揚向上、奮發有為的精神狀態，促進全體人民思想道德素質、科學文化素質和身心健康素質等普遍提高，不斷提升國民素質和社會文明程度。廣泛開展貼近基層群眾的科普活動，堅持科普為民惠民，組織好科技進校園、進課堂等活動，引導青少年學習科學知識、激發科學興趣，從小種下科學的種子，讓科學理念、科學精神在人們心裏扎下根。建立統一規範權威的中國特色功勳榮譽表彰制度，增強中國特色社會主義事業凝聚力和感召力，激發全黨全軍全國各族人民建設社會主義現代化國家的積極性。

延伸問答

問： 勞模精神、勞動精神、工匠精神、優秀企業家精神、科學家精神的內涵是什麼？

答： 勞模精神的內涵是愛崗敬業、爭創一流、艱苦奮鬥、勇於創新、淡泊名利、甘於奉獻。勞動精神的內涵是崇尚勞動、熱愛勞動、辛勤勞動、誠實勞動。工匠精神的內涵是執著專注、精益求精、一絲不苟、追求卓越。優秀企業家精神的內涵是增強愛國情懷，勇於創新，誠信守法，承擔社會責任，拓展國際視野。科學家精神的內涵是胸懷祖國、服務人民的愛國精神，勇攀高峰、敢為人先的創新精神，追求真理、嚴謹治學的求實精神，淡泊名利、潛心研究的奉獻精神，集智攻關、團結協作的協同精神，甘為人梯、獎掖後學的育人精神。

四、繁榮發展文化事業和文化產業

（一）大力發展文化事業

黨的二十大報告指出：堅持以人民為中心的創作導向，推出更多增強人民精神力量的優秀作品，培育造就大批德藝雙馨的文學藝術家和規模宏大的文化文藝人才隊伍。堅持把社會效益放在首位、社會效益和經濟效益相統一，深化文化體制改革，完善文化經濟政策。實施國家文化數字化戰略，健全現代公共文化服務體系，創新實施文化惠民工程。

繁榮發展文化事業和文化產業的"兩個堅持"

堅持以人民為中心的創作導向

堅持把社會效益放在首位、社會效益和經濟效益相統一

堅持社會主義先進文化前進方向,堅持更好滿足人民日益增長的精神文化生活需要,守正創新、固本培元,高擎思想旗幟,高揚主流價值,豐富高品質文化供給,提供高效能文化服務,不斷豐富人民精神世界、增強人民精神力量。全面繁榮新聞出版、廣播影視、文學藝術、哲學社會科學事業,探索構建有中國特色的文化產品創作、生產、傳播、評價機制,用剛健厚重先進質樸的文化滋養民族氣質、引領社會風尚,把公共文化服務提高到新水平,為人民群眾奉獻更多健康營養的精神食糧,著力增強人民文化獲得感、幸福感,促進人的全面發展。把發展文藝事業放在突出位置,實施文藝作品質量提升工程,堅持以人民為中心的創作導向,加強現實題材創作生產,不斷推出謳歌黨、謳歌祖國、謳歌人民、謳歌英雄的精品力作。推進城鄉公共文化服務體系一體建設,促進城鄉文化協調發展共同繁榮,創新實施文化惠民工程,廣泛開展群眾性文化活動,推動公共文化數字化建設。

(二) 繁榮發展文化產業

黨的二十大報告指出:健全現代文化產業體系和市場體系,實施重大文化產業項目帶動戰略。加大文物和文化遺產保護力度,加強城鄉建設中歷史文化保護傳承,建好用好國家文化公園。堅持以文塑

旅、以旅彰文，推進文化和旅遊深度融合發展。

　　大力推動文化領域供給側結構性改革，堅持把社會效益放在首位、社會效益和經濟效益相統一，深化文化體制改革，完善文化產業規劃和政策，健全現代文化產業體系和市場體系，推動各類文化市場主體發展壯大，培育新型文化業態和文化消費模式，不斷擴大優質文化產品供給，增強文化整體實力和競爭力，推動文化產業高質量發展。大力傳承弘揚中華優秀傳統文化，加強文物古籍保護、研究、利用，強化重要文化和自然遺產、非物質文化遺產系統性保護，加強各民族優秀傳統手工藝保護和傳承，推動中華文化展現永久魅力、煥發時代風采。要順應數字產業化和產業數字化發展趨勢，實施文化產業數字化戰略，加快發展新型文化企業、文化業態、文化消費模式，改造提升傳統文化業態，推動文化產業全面轉型升級，提高質量效益和核心競爭力。推進文化和旅遊深度融合發展，建設一批富有文化底蘊的世界級旅遊景區和度假區，打造一批文化特色鮮明的國家級旅遊休閑城市，讓人們在領略自然之美中感悟文化之美、陶冶心靈之美。

（三）加快建設體育強國

　　黨的二十大報告指出：廣泛開展全民健身活動，加強青少年體育工作，促進群眾體育和競技體育全面發展，加快建設體育強國。

　　充分發揮體育在推動經濟社會發展、促進人的全面發展中的作用，堅持舉國體制和市場機制相結合、體育健身同人民健康相結合、弘揚中華體育精神同堅定文化自信相結合，開門開放辦體育、強國惠民辦體育，不斷向體育強國目標邁進，推動體育發展成果轉化為國家凝聚力和文化傳播力，以體育發展助力國家發展、時代進步、人民幸福。

五、增強中華文明傳播力影響力

黨的二十大報告指出：堅守中華文化立場，提煉展示中華文明的精神標識和文化精髓，加快構建中國話語和中國敘事體系，講好中國故事、傳播好中國聲音，展現可信、可愛、可敬的中國形象。加強國際傳播能力建設，全面提升國際傳播效能，形成同我國綜合國力和國際地位相匹配的國際話語權。深化文明交流互鑒，推動中華文化更好走向世界。

要秉持開放包容、互學互鑒的理念，以更自信的心態、更寬廣的胸懷，廣泛參與世界文明對話，深入開展同各國文化交流合作，促進對彼此文化文明的理解、欣賞和借鑒，讓各國人民更好瞭解中國，讓中國人民更好瞭解世界。加強國際傳播能力建設，完善國際傳播工作格局，堅持貼近中國實際、貼近國際關切、貼近國外受眾，加強對外話語體系建設，創新對外話語表達方式，打造融通中外的新概念新範疇新表述，增強文化傳播親和力，讓世界更好聽清中國、讀懂中國，

增強中華文明傳播力影響力

是提升我國國際話語權、為改革發展穩定營造有利外部輿論環境的迫切需要

是推動構建人類命運共同體的必然要求

必須加強國際傳播能力建設

權威聲音

習近平（中共中央總書記、國家主席、中央軍委主席）：黨的十八大以來，我們大力推動國際傳播守正創新，理順內宣外宣體制，打造具有國際影響力的媒體集群，積極推動中華文化走出去，有效開展國際輿論引導和輿論鬥爭，初步構建起多主體、立體式的大外宣格局，我國國際話語權和影響力顯著提升，同時也面臨著新的形勢和任務。必須加強頂層設計和研究佈局，構建具有鮮明中國特色的戰略傳播體系，著力提高國際傳播影響力、中華文化感召力、中國形象親和力、中國話語說服力、國際輿論引導力。

提升中國話語的國際影響力。以講好中國故事為著力點，整合各類資源，推動內宣外宣一體發展，推動反映當代中國發展進步的價值理念、文藝精品、文化成果走向海外，努力進入主流市場、影響主流人群，展現真實、立體、全面的中國，闡釋中國理念、中國道路、中國主張，增進理解、擴大認同，把中國故事講得愈來愈精彩，讓中國聲音愈來愈洪亮。

第九講

增進民生福祉，提高人民生活品質

 一　堅持人民立場

 二　完善分配制度

 三　實施就業優先戰略

 四　健全社會保障體系

 五　推進健康中國建設

黨的二十大報告指出：江山就是人民，人民就是江山。中國共產黨領導人民打江山、守江山，守的是人民的心。治國有常，利民為本。為民造福是立黨為公、執政為民的本質要求。必須堅持在發展中保障和改善民生，鼓勵共同奮鬥創造美好生活，不斷實現人民對美好生活的嚮往。

一、堅持人民立場

　　黨的二十大報告指出：我們要實現好、維護好、發展好最廣大人民根本利益，緊緊抓住人民最關心最直接最現實的利益問題，堅持盡力而為、量力而行，深入群眾、深入基層，採取更多惠民生、暖民心舉措，著力解決好人民群眾急難愁盼問題，健全基本公共服務體系，提高公共服務水平，增強均衡性和可及性，扎實推進共同富裕。

　　人民立場是馬克思主義政黨的根本政治立場，全心全意為人民服務是我們黨的根本宗旨，群眾路線是我們黨的根本工作路線。

　　習近平總書記反覆強調人民立場的極端重要性。他指出："為什麼人的問題，是檢驗一個政黨、一個政權性質的試金石。" 著力踐行以人民為中心的發展思想，"體現了我們黨全心全意為人民服務的根本宗旨，體現了人民是推動發展的根本力量的唯物史觀"。"為人民謀幸福，是中國共產黨人的初心。我們要時刻不忘這個初心，永遠把人民對美好生活的嚮往作為奮鬥目標。" 在黨的十八屆五中全會上，

黨的二十大報告關於改善民生的高頻詞語

- 教育 **50**次
- 就業 **19**次
- 收入 **17**次
- 健康 **15**次
- 保險 **13**次
- 醫療 **11**次
- 社會治理 **8**次
- 住房 **4**次

習近平總書記鮮明提出了"以人民為中心的發展思想",強調我們黨來自人民、服務人民,黨的一切工作,必須以最廣大人民根本利益為最高標準。

我們黨從成立那天起,就把"人民"這兩個大字寫在了自己的旗幟上,勇敢地擔負起為中國人民謀幸福、為中華民族謀復興的歷史使命。在革命、建設、改革的歷史進程中,我們黨始終堅持全心全意為人民服務的根本宗旨,貫徹從群眾中來、到群眾中去的群眾路線,堅持一切為了人民、一切相信人民、一切依靠人民,尊重人民的主體地位,尊重人民群眾的創造,始終同人民群眾同呼吸、共命運、心連心,保持同人民群眾的血肉聯繫。

人民群眾是發展的主體,也是發展的受益者。堅持以人民為中心的發展思想,就要把增進人民福祉、促進人的全面發展作為出發點和落腳點,始終堅持立黨為公、執政為民,始終堅持人民主體地

深閱讀

　　細讀黨的二十大報告，"人民"是貫穿始終的一條主線。把握習近平新時代中國特色社會主義思想的世界觀和方法論，首先就是要堅持人民至上。前進道路上必須牢牢把握的重大原則，其中之一就是堅持以人民為中心的發展思想。黨的二十大報告在部署未來任務時，分了不同領域、部分，但可以看到其內在的相通之處，如加快構建新發展格局、著力推動高質量發展，最終是為了不斷給人民帶來更高品質的生活。學習黨的二十大報告，要充分體會其中的人民情懷，深刻認識發展和穩定、發展和民生、發展和人心的緊密聯繫，推動發展成果惠及民生、凝聚人心。

　　（摘編自《從二十大報告看未來中國：守的是人民的心》，中央紀委國家監委網站，2022 年 10 月 21 日，作者：郝思斯）

位，把人民對美好生活的嚮往作為奮鬥目標，緊緊依靠人民創造歷史偉業。

二、完善分配制度

　　黨的二十大報告指出：分配制度是促進共同富裕的基礎性制度。

　　收入分配制度是經濟社會發展中一項帶有根本性、基礎性的制度安排，是社會主義市場經濟體制的重要基石。收入分配是實現共同富裕、保障和改善民生、實現發展成果由人民共享的最重要最直接的方式。

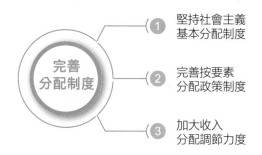

完善
分配制度

1 堅持社會主義
基本分配制度

2 完善按要素
分配政策制度

3 加大收入
分配調節力度

（一）堅持社會主義基本分配制度體系

黨的二十大報告指出：堅持按勞分配為主體、多種分配方式並存，構建初次分配、再分配、第三次分配協調配套的制度體系。努力提高居民收入在國民收入分配中的比重，提高勞動報酬在初次分配中的比重。堅持多勞多得，鼓勵勤勞致富，促進機會公平，增加低收入者收入，擴大中等收入群體。

我國實行公有制為主體、多種所有制經濟共同發展的基本經濟制度，決定了我國的分配制度必然實行按勞分配為主體、多種分配方式並存的方式。

市場經濟條件下的收入分配可分為三次分配。初次分配是由市場按照貢獻和效益進行分配；再分配是指政府通過稅收、社會保障、轉移支付等方式對國民收入在初次分配之後進行第二次分配；第三次分配是指通過自願捐贈等公益慈善事業的方式進行社會救濟和社會互助。

初次分配和再分配都要兼顧效率和公平。初次分配更加注重效率，要創造機會公平的競爭環境，維護勞動收入的主體地位，切實提高勞動報酬在初次分配中的比重。再分配更加注重公平，要提高公共資源配置效率，調節初次分配形成的收入和財富過大差距，切實提高居民收入在國民收入分配中的比重，縮小收入差距，促進社會公平正義和共同富裕。第三次分配是對初次分配、再分配的有益補充。要深入研究慈善捐贈對於縮小貧富差距、強化第三次分配的重要作用。

（二）完善按要素分配政策制度

黨的二十大報告指出：完善按要素分配政策制度，探索多種渠道增加中低收入群眾要素收入，多渠道增加城鄉居民財產性收入。

保護各種經濟主體依法平等使用生產要素、公平參與市場競爭、同等受到法律保護，形成主要由市場決定生產要素價格的機制。健全勞動、資本、土地、知識、技術、管理、數據等生產要素由市場評價貢獻、按貢獻決定報酬的機制，探索通過土地、資本等要素使用權和收益權增加中低收入群眾要素收入，增加城鄉居民住房、農村土地、金融資產等各類財產性收入。促進機會公平，推動更多低收入人群邁入中等收入行列、擴大中等收入群體規模，是完善初次分配制度的重點，也是實現共同富裕的關鍵環節。要關注重點人群，促進機會公平，在教育、就業、稅費、戶籍等方面創造有利於幫助他們增加收入的制度和政策環境。

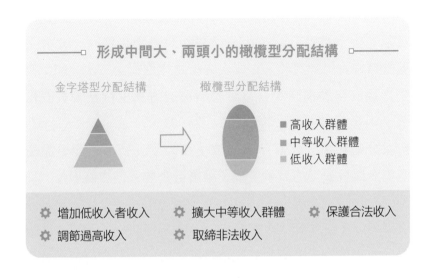

（三）加大收入分配調節力度

黨的二十大報告指出：加大稅收、社會保障、轉移支付等的調節力度。完善個人所得稅制度，規範收入分配秩序，規範財富積累機制，保護合法收入，調節過高收入，取締非法收入。引導、支持有意願有能力的企業、社會組織和個人積極參與公益慈善事業。

健全以稅收、社會保障、轉移支付等為主要手段的再分配調節機制，強化稅收調節，充分發揮稅收制度"提低、擴中、調高"的功能，完善直接稅制度並逐步提高其比重。同時，加大宣傳慈善文化，積極發展慈善事業，鼓勵和引導社會力量通過民間捐贈、慈善事業、志願行動等方式濟困扶弱，在全社會形成樂善好施、互助友愛的良好風氣和勤勞工作、回報社會的捐贈意識。

三、實施就業優先戰略

黨的二十大報告指出：就業是最基本的民生。強化就業優先政策，健全就業促進機制，促進高質量充分就業。健全就業公共服務體系，完善重點群體就業支持體系，加強困難群體就業兜底幫扶。統籌城鄉就業政策體系，破除妨礙勞動力、人才流動的體制和政策弊端，消除影響平等就業的不合理限制和就業歧視，使人人都有通過勤奮勞動實現自身發展的機會。健全終身職業技能培訓制度，推動解決結構性就業矛盾。完善促進創業帶動就業的保障制度，支持和規範發展新就業形態。健全勞動法律法規，完善勞動關係協商協調機制，完善勞動者權益保障制度，加強靈活就業和新就業形態勞動者權益保障。

堅持實施以穩定和擴大就業為基準的宏觀調控，堅持經濟發展的就業導向，把就業優先戰略與穩增長、促改革、調結構、惠民生結合

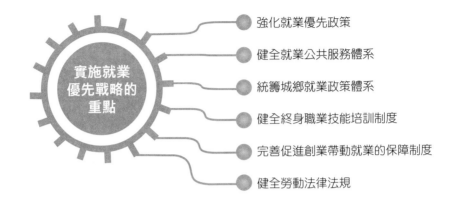

實施就業優先戰略的重點
- 強化就業優先政策
- 健全就業公共服務體系
- 統籌城鄉就業政策體系
- 健全終身職業技能培訓制度
- 完善促進創業帶動就業的保障制度
- 健全勞動法律法規

起來，讓就業優先戰略與宏觀經濟政策協調配合，擴大就業容量，提升就業質量，促進充分就業，切實把就業指標作為宏觀調控取向調整的依據，推動實現更充分更高質量就業。充分發揮勞動力市場機制的調節作用，建設勞動者自主擇業、市場充分調節就業、政府有效促進就業的規範統一、靈活高效的人力資源市場，緩解結構性就業矛盾，健全就業需求調查和失業預警監測機制，推進勞動就業領域信息化建設。加快提升勞動者技能素質，以提升勞動者能力水平為核心，健全面向全體勞動者的職業培訓制度，健全職業培訓體系，貼緊社會、產業、企業、個人發展需求，加快推進高技能人才培養。建立覆蓋城鄉的就業組織體系、公共創業服務體系，健全勞動保障監察和勞動爭議調解仲裁體系，完善國家勞動標準體系，加強勞動保護，保障勞動者合理待遇和合法權益，健全勞動關係訴求表達機制、矛盾調處機制和權益保障機制，不斷健全面向城鄉勞動者的用工管理和社會保障制度，努力提高公共就業服務的水平，增強勞動關係服務和調節能力，建立規範有序、公正合理、互利共贏、和諧穩定的勞動關係。

四、健全社會保障體系

　　黨的二十大報告指出：社會保障體系是人民生活的安全網和社會運行的穩定器。健全覆蓋全民、統籌城鄉、公平統一、安全規範、可持續的多層次社會保障體系。完善基本養老保險全國統籌制度，發展多層次、多支柱養老保險體系。實施漸進式延遲法定退休年齡。擴大社會保險覆蓋面，健全基本養老、基本醫療保險籌資和待遇調整機制，推動基本醫療保險、失業保險、工傷保險省級統籌。促進多層次醫療保障有序銜接，完善大病保險和醫療救助制度，落實異地就醫結算，建立長期護理保險制度，積極發展商業醫療保險。加快完善全國統一的社會保險公共服務平台。健全社保基金保值增值和安全監管體系。健全分層分類的社會救助體系。堅持男女平等基本國策，保障婦女兒童合法權益。完善殘疾人社會保障制度和關愛服務體系，促進殘疾人事業全面發展。堅持房子是用來住的、不是用來炒的定位，加快建立多主體供給、多渠道保障、租購並舉的住房制度。

　　習近平總書記在主持十九屆中央政治局第二十八次集體學習時的講話中指出："我國社會保障制度改革已進入系統集成、協同高效的階段。要準確把握社會保障各個方面之間、社會保障領域和其他相關領域之間改革的聯繫，提高統籌謀劃和協調推進能力，確保各項改革形成整體合力。"

　　要堅持系統觀念，堅持全覆蓋、保基本、多層次、可持續的基本方針，找準社會保障各個方面的職能定位，理順相互之間關係，充分整合社會資源，打破信息壁壘，從增強公平性、適應流動性、保證可持續性出發，全面推進社會保障體系建設，大力推進我國社會保障制度改革系統集成。統籌推進與社會保障制度建設關係密切的戶籍管

延伸問答

問：黨的十八大以來，我國社會保障制度建設取得了哪些突破性進展？

答：社會保障制度建設從增強公平性、適應流動性、保證可持續性出發，不斷深化改革並取得了突破性進展。我國基本建成了包括社會保險、社會救助、社會福利、社會優撫在內的世界上規模最大的社會保障體系。中央加強頂層設計，並出台一系列政策措施來推動社會保障體系的公平可持續發展。全面實施全民參保計劃；統籌城鄉社會保障體系，完善社會救助、社會福利、慈善事業、優撫安置等制度；建立待遇正常調整機制，確保社保基金安全可持續運行。

理、收入分配、公共政策、財稅體制等方面的改革，增強社會保障制度對經濟社會發展的適應性和制度本身的公平性、可持續性。

堅持應保盡保原則，按照兜底線、織密網、建機制的要求，健全覆蓋全民、統籌城鄉、公平統一、安全規範、可持續的多層次社會

健全多層次社會保障體系

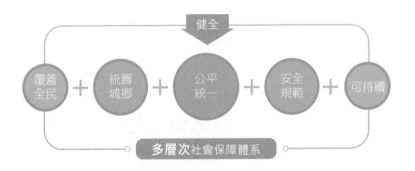

保障體系，增強社會保障待遇和服務的公平性、可及性。覆蓋全民，就是要不斷擴大社會保障覆蓋面，努力實現應保盡保和法定人群全覆蓋；統籌城鄉，就是要統籌推進城鄉居民社會保障體系建設，逐步提高城鄉居民養老金水平；公平統一，就是要統一社會保障制度，完善基本養老保險全國統籌制度，加快完善全國統一的社會保險公共服務平台，努力實現全體社會成員權利公平、機會公平、規則公平；安全規範，就是要統籌發展和安全，加強社會保障基金規範管理，守住社會保障基金安全底線；可持續，就是要確保各項社會保險基金收支平衡，制度長期穩定運行，促進社會保障事業高質量可持續發展。多層次，就是要加快發展多層次、多支柱養老保險體系，不斷滿足人民群眾多層次多樣化的社會保障需求。

保持調控政策的連續性和穩定性，不把房地產作為短期刺激經濟的工具和手段，穩妥實施房地產長效機制，增強精準性協調性，因城施策、因地制宜，引導房地產業良性循環和健康發展，努力實現穩地價、穩房價、穩預期目標。

五、推進健康中國建設

黨的二十大報告指出：人民健康是民族昌盛和國家強盛的重要標誌。

為此，要以普及健康生活、優化健康服務、完善健康保障、建設健康環境、發展健康產業為重點，加快推進健康中國建設，努力全方位、全周期維護和保障人民健康，大幅提高人民健康水平。

（一）保障人民健康

黨的二十大報告指出：把保障人民健康放在優先發展的戰略位

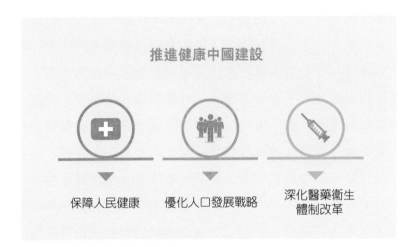

推進健康中國建設

保障人民健康　　優化人口發展戰略　　深化醫藥衞生體制改革

置，完善人民健康促進政策。

以人民健康為中心，把保障人民健康融入經濟社會發展各項政策，在完善疾病預防控制體系、提升醫療救治能力、提高人民群眾健康水平等方面持續努力，倡導健康文明生活方式，大力普及健康知識，加強公共衞生常識的宣傳教育，推動形成有利於健康的生活方式、生產方式和制度體系，構築健康中國牢固防線，實現人民健康與經濟社會協調發展。

（二）優化人口發展戰略

黨的二十大報告指出：優化人口發展戰略，建立生育支持政策體系，降低生育、養育、教育成本。實施積極應對人口老齡化國家戰略，發展養老事業和養老產業，優化孤寡老人服務，推動實現全體老年人享有基本養老服務。

持續深化國家人口中長期發展戰略和區域人口發展規劃研究，組織實施好三孩生育政策，增強生育政策包容性，促進生育政策和相關經濟社會政策配套銜接，統籌考慮婚嫁、生育、養育、教育政策制定，健全重大經濟社會政策人口影響評估機制，促進人口長期均衡發展。全面減輕家庭生育、養育、教育負擔，完善生育休假與生育保險制度，加強對適婚青年婚戀觀、家庭觀的教育引導。提高優生優育服務水平，加強稅收、住房等支持政策，保障女性就業合法權益，發展普惠托育服務體系。推進教育公平與優質教育資源供給，降低家庭教育開支，釋放生育政策潛力。

健全養老保險制度體系，穩步有序推進基本養老保險全國統籌，促進基本養老保險基金長期平衡。大力弘揚中華民族孝親敬老傳統美德，切實維護老年人合法權益，完善多層次養老保障體系，加快建設居家社區機構相協調、醫養康養相結合的養老服務體系和健康支撐體系。綜合考慮人均預期壽命提高、人口老齡化趨勢加快、受教育年限增加、勞動力結構變化等因素，按照小步調整、彈性實施、分類推進、統籌兼顧等原則，逐步延遲法定退休年齡，促進人力資源充分利用。

 深閱讀

　　黨的十八大以來，我國出生人口中二孩及以上佔比由政策調整前的 35% 左右提高到近年來的 55% 以上。出生人口性別比逐步趨於正常水平。優生優育水平不斷提升，母嬰安全得到有力保障。普惠托育服務開局良好，政策法規、標準規範及服務供給體系基本形成。配套支持措施不斷完善，切實減輕家庭生育養育負擔。要順應人民群眾期盼，將婚嫁、生育、養育、教育一體考慮，加快構建生育支持政策體系，大力發展普惠托育服務，切實解決群眾後顧之憂，釋放生育潛能，保障人口發展戰略目標順利實現。

（摘編自《中共中央宣傳部舉行黨的十八大以來衛生健康事業發展成就新聞發佈會》，國新網，2022 年 9 月 7 日）

（三）深化醫藥衛生體制改革

黨的二十大報告指出：深化醫藥衛生體制改革，促進醫保、醫療、醫藥協同發展和治理。促進優質醫療資源擴容和區域均衡佈局，堅持預防為主，加強重大慢性病健康管理，提高基層防病治病和健康管理能力。深化以公益性為導向的公立醫院改革，規範民營醫院發展。發展壯大醫療衛生隊伍，把工作重點放在農村和社區。重視心理健康和精神衛生。促進中醫藥傳承創新發展。創新醫防協同、醫防融合機制，健全公共衛生體系，提高重大疫情早發現能力，加強重大疫情防控救治體系和應急能力建設，有效遏制重大傳染性疾病傳播。深入開展健康中國行動和愛國衛生運動，倡導文明健康生活方式。

促進優質醫療資源擴容和均衡佈局，加快構建就醫和診療新格局，持續推進分級診療和優化就醫秩序，促進多層次醫療保障體系發展，發揮國家醫學中心、國家區域醫療中心的引領輻射作用，發揮省級高水平醫院的輻射帶動作用，增強市縣級醫院服務能力，提升基層醫療衛生服務水平。深化醫療、醫保、醫藥聯動改革，加快醫療服務價格改革、醫保支付方式改革、公立醫院人事薪酬制度改革，實現公立醫院高質量發展，強化藥品供應保障能力，促進中醫藥振興發展，深入推動從以治病為中心轉變為以人民健康為中心，有效解決看病難、看病貴問題。著力提升疾病預防控制能力，加強醫防協同，增強公共衛生服務能力。

第十講

推動綠色發展，
促進人與自然和諧共生

黨的二十大報告指出：大自然是人類賴以生存發展的基本條件。尊重自然、順應自然、保護自然，是全面建設社會主義現代化國家的內在要求。

　　人與自然的關係是人類社會最基本的關係，保護自然就是保護人類，建設生態文明就是造福人類。堅持人與自然和諧共生，已成為我國生態文明建設的基本原則，也是新時代堅持和發展中國特色社會主義基本方略的重要組成部分。

一、堅持綠水青山就是金山銀山

　　黨的二十大報告指出：必須牢固樹立和踐行綠水青山就是金山銀山的理念，站在人與自然和諧共生的高度謀劃發展。

　　"綠水青山就是金山銀山"的理念是習近平生態文明思想的重要內容，它深刻揭示了發展與保護自然生態的辯證統一關係，豐富和發展了馬克思主義生產力理論，具有重大的思想價值和現實意義。習近平總書記強調："綠水青山既是自然財富、生態財富，又是社會財富、經濟財富。""保護生態環境就是保護生產力，改善生態環境就是發展生產力。""生態環境保護和經濟發展不是矛盾對立的關係，而是辯證統一的關係。""在生態環境保護上一定要算大賬、算長遠賬、算整體賬、算綜合賬"。"良好生態本身蘊含著無窮的經濟價值，能夠源源不斷創造綜合效益，實現經濟社會可持續發展。"

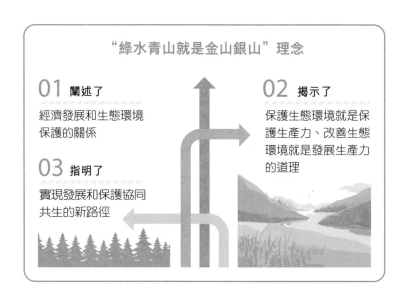

發展不應對資源和生態環境竭澤而漁，生態環境保護也不應捨棄經濟發展緣木求魚，而是要堅持在發展中保護、在保護中發展，協同推進經濟高質量發展和生態環境高水平保護，努力實現經濟效益、環境效益、社會效益多贏，讓良好生態環境成為人民生活的增長點、成為經濟社會持續健康發展的支撐點，讓綠色成為最亮麗的發展底色。

二、建設美麗中國

黨的二十大報告指出：我們要推進美麗中國建設，堅持山水林田湖草沙一體化保護和系統治理，統籌產業結構調整、污染治理、生態保護、應對氣候變化，協同推進降碳、減污、擴綠、增長，推進生態優先、節約集約、綠色低碳發展。

2018 年 5 月，習近平總書記在全國生態環境保護大會上的講話中強調：「生態是統一的自然系統，是相互依存、緊密聯繫的有機鏈條。」要把山水林田湖草沙這一生命共同體作為人類生存發展的物質基礎。

權威評論

　　翟青（生態環境部副部長、黨組成員）：在習近平生態文明思想的科學指引下，我們黨把生態文明建設作為關係中華民族永續發展的根本大計，開展了一系列根本性、開創性、長遠性的工作，創造了舉世矚目的生態奇蹟和綠色發展奇蹟，美麗中國建設邁出重大步伐，具體體現在以下幾個方面：一是污染防治攻堅向縱深推進……二是生態系統保護修復力度不斷加大……三是綠色循環低碳發展邁出堅實步伐。十年來，全黨全國建設美麗中國的自覺性和主動性顯著增強，全面落實黨中央決策部署，綠色版圖不斷擴展，城鄉環境更加宜居，一幅幅"人與自然和諧共生"的美景生動展現出來。

用系統論的思想方法看問題，從系統工程和全局角度尋求新的治理之道。按照生態系統的整體性、系統性及其內在規律，統籌考慮自然生態各要素、山上山下、地上地下、陸地海洋以及流域上下游之間的關係，進行整體保護、系統修復、綜合治理，增強生態系統循環能力，維護生態平衡。全方位、全地域、全過程開展生態文明建設，努力打造"青山常在、綠水長流、空氣常新"的美麗中國，讓廣大人民群眾望得見山、看得見水、記得住鄉愁，在優美生態環境中生產生活。

三、加快發展方式綠色轉型

　　黨的二十大報告指出：推動經濟社會發展綠色化、低碳化是實現高質量發展的關鍵環節。加快推動產業結構、能源結構、交通運輸結構等調整優化。實施全面節約戰略，推進各類資源節約集約利用，加快構建廢棄物循環利用體系。完善支持綠色發展的財稅、金融、投資、價格政策和標準體系，發展綠色低碳產業，健全資源環境要素市場化配置體系，加快節能降碳先進技術研發和推廣應用，倡導綠色消費，推動形成綠色低碳的生產方式和生活方式。

（一）加快形成綠色發展方式

貫徹綠色發展理念，調整經濟結構和能源結構，優化國土空間開發佈局，加快劃定並嚴守生態保護紅線、環境質量底線、資源利用上線三條紅線。持續推進資源全面節約和循環利用，培育壯大節能環保產業、清潔生產產業、清潔能源產業。推進生產系統和生活系統循環鏈接，把經濟活動、人的行為限制在自然資源和生態環境能夠承受的限度內，給自然生態留下休養生息的時間和空間，從根本上解決生態環境問題。堅決摒棄損害甚至破壞生態環境的增長模式，堅決杜絕吃祖宗飯砸子孫碗的發展行為，加快形成節約資源和保護環境的空間格局、產業結構、生產方式、生活方式。

推動經濟社會發展綠色化、低碳化是實現高質量發展的關鍵環節。高質量發展是綠色發展成為普遍形態的發展。必須改變大量生產、大量消耗、大量排放的粗放型生產模式，推動經濟社會發展建立在資源高效利用和綠色低碳循環發展的基礎之上。同時，綠色產業在孕育新技術、催生新業態、創造新供給、形成新需求等方面能夠發揮巨大作用，為高質量發展提供強大綠色發展動能。

健全資源環境要素市場化配置體系，是我國資源環境領域一項重大的、基礎性的機制創新，是充分發揮市場在資源環境要素配置中起決定性作用的一項重要制度改革，對於提升資源環境要素優化配置和節約集約安全利用水平具有重要作用。資源環境要素市場化配置體系，是指在政府設定總量管理目標和科學初始分配配額基礎上，由各市場主體以實際使用或排放額同初始配額之間的差額餘缺為標的，對於排污權、用能權、用水權、碳排放權等重要資源環境要素開展市場化交易的一整套制度體系。健全資源環境要素市場化配置體系，有助於形成各類市場主體內在激勵和約束機制，對於改善環境質量，節約利用資源推動技術進步具有很強的槓桿效應。

（二）推動形成綠色低碳的生產方式和生活方式

推動經濟社會發展綠色化、低碳化是滿足人民日益增長的優美生態環境需要的必然要求。高質量發展是滿足人民日益增長的美好生活需要的發展。隨著我國經濟發展和人民生活水平的提高，人民的基本需要在發生深刻變化，不僅包括物質財富、精神財富需要，還包括優美生態環境需要。生態環境在人民生活幸福指數中的重要性不斷凸顯。因此，我們必須促進經濟社會發展全面綠色轉型，發展綠色低碳產業，倡導綠色消費，推動形成綠色低碳的生產方式和生活方式，為人們提供更多優質生態產品，努力實現生態保護、經濟發展、民生改

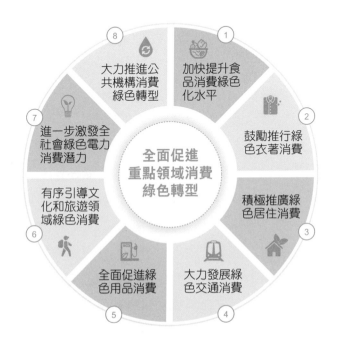

善相統一。同時，開展全民綠色行動，在全社會牢固樹立生態文明理念，增強全民節約意識、環保意識、生態意識，完善綠色產品推廣機制，擴大低碳綠色產品供給，開展創建節約型機關和綠色家庭、綠色學校、綠色社區等活動。通過生活方式綠色革命，倒逼生產方式綠色轉型，把建設美麗中國轉化為全體人民自覺行動，努力讓天更藍地更綠水更清。

四、深入推進環境污染防治

黨的二十大報告指出：堅持精準治污、科學治污、依法治污，持續深入打好藍天、碧水、淨土保衛戰。加強污染物協同控制，基本消除重污染天氣。統籌水資源、水環境、水生態治理，推動重要江河湖庫生態保護治理，基本消除城市黑臭水體。加強土壤污染源頭防控，開展新污染物治理。提升環境基礎設施建設水平，推進城鄉人居環境整治。全面實行排污許可制，健全現代環境治理體系。嚴密防控環境風險。深入推進中央生態環境保護督察。

堅持精準、科學、依法治污，深入打好污染防治攻堅戰，持續提升生態系統質量，強化生態保護監管，嚴密防控環境風險，保障生態環境安全。強化對環境問題成因機理以及時空和內在演變規律研究，組織開展生態環境領域科技攻關和技術創新。綜合運用行政、市場、法治、科技等多種手段，因地制宜、科學施策，提高污染治理的針對性、科學性、有效性。提升生態環境監管執法效能，建立完善現代化生態環境監測體系，開展污染防治攻堅戰成效考核，進一步強化考核結果運用。繼續開展農村環境綜合整治，建設美麗宜居鄉村。

以藍天、碧水、淨土保衛戰為主攻方向，繼續打好一批標誌性戰役，力爭在重點區域、重要領域、關鍵指標上實現新突破。以細顆粒物和臭氧協同控制為主線，進一步提升空氣環境質量；統籌水環境治理、水生態保護、水資源利用，增強水生態系統服務功能；持續實施土壤污染防治行動，有效管控土壤污染環境風險。

五、提升生態系統多樣性、穩定性、持續性

黨的二十大報告指出：以國家重點生態功能區、生態保護紅線、自然保護地等為重點，加快實施重要生態系統保護和修復重大工程。推進以國家公園為主體的自然保護地體系建設。實施生物多樣性保護重大工程。科學開展大規模國土綠化行動。深化集體林權制度改革。推行草原森林河流湖泊濕地休養生息，實施好長江"十年禁漁"，健全耕地休耕輪作制度。建立生態產品價值實現機制，完善生態保護補償制度。加強生物安全管理，防治外來物種侵害。

要保護並有效恢復自然生態系統承載能力，堅持用養結合，聚焦水土脆弱、缺林少綠等突出問題，實施專項治理，合理降低開發利用強度，抓緊補齊生態系統的短板，全面提升自然生態服務功能，實現資源永續利用。做好生物多樣性監測調查，健全生物多樣性觀測網絡，綜合分析生物物種的豐富程度、珍稀瀕危程度、受威脅程度，及時掌握生物多樣性動態變化趨勢，提高生物多樣性的預警水平。優化種植結構，合理確定輪作改種作物和休耕的重點品種，全面提升農業生態系統的質量和效率。實施好長江"十年禁漁"，抓好精準退捕，開展全面徹底清查，保障退捕漁民生計。穩定林區農村基本經營制度，以林地流轉、林業合作經濟組織發展和農村公共產品供給為著力點，深化集體林權制度改革。加快完善以提升公共服務保障能力為基本取向的綜合補償制度，形成以受益者付費原則為基礎的市場化、多元化生態保護補償格局。

六、積極穩妥推進碳達峰碳中和

　　黨的二十大報告指出：實現碳達峰碳中和是一場廣泛而深刻的經濟社會系統性變革。立足我國能源資源稟賦，堅持先立後破，有計劃分步驟實施碳達峰行動。完善能源消耗總量和強度調控，重點控制化石能源消費，逐步轉向碳排放總量和強度"雙控"制度。推動能源清潔低碳高效利用，推進工業、建築、交通等領域清潔低碳轉型。深入推進能源革命，加強煤炭清潔高效利用，加大油氣資源勘探開發和增儲上產力度，加快規劃建設新型能源體系，統籌水電開發和生態保

中國碳達峰碳中和目標

《中共中央國務院關於完整準確全面貫徹新發展理念做好碳達峰碳中和工作的意見》提出碳達峰碳中和主要目標：

到2025年

單位GDP能耗比2020年下降13.5%

單位GDP二氧化碳排放比2020年下降18%

非化石能源消費比重達到20%左右

森林覆蓋率達到24.1%，森林蓄積量達到180立方米，為實現碳達峰、碳中和奠定堅實基礎

到2030年

單位GDP能耗大幅下降

單位GDP二氧化碳排放比2005年下降65%以上

非化石能源消費比重達到25%左右，風電、太陽能發電總裝機容量達到12億千瓦以上

森林覆蓋率達到25%左右，森林蓄積量達到190億立方米，二氧化碳排放量達到峰值並實現穩中有降

到2060年

綠色低碳循環發展的經濟體系和清潔低碳安全高效的能源體系全面建立，能源利用效率達到國際先進水平，非化石能源消費比重達到80%以上，碳中和目標順利實現

20%
左右
2025年

25%
左右
2030年

80%
以上
2060年

非化石能源消費比重

護，積極安全有序發展核電，加強能源產供儲銷體系建設，確保能源安全。完善碳排放統計核算制度，健全碳排放權市場交易制度。提升生態系統碳匯能力。積極參與應對氣候變化全球治理。

堅持降碳、減污、擴綠、增長協同推進，堅持全國統籌、節約優先、雙輪驅動、內外暢通、防範風險的原則，明確責任主體、工作任務、完成時間，立足我國能源資源稟賦，加強政策銜接，堅持先立後破、通盤謀劃，科學把握、穩妥有序推進碳減排碳達峰工作，同時確保能源安全、產業鏈供應鏈安全、糧食安全，確保群眾正常生活。

建立低碳循環發展經濟體系，加快推動綠色發展和能源革命，調整能源結構，控制化石能源消費，有序減量替代，大力推進煤炭清潔高效利用，大力推動煤電節能降碳改造、靈活性改造、供熱改造"三改聯動"。把促進新能源和清潔能源發展放在更加突出的位置，積極有序發展光能源、矽能源、氫能源、可再生能源。加快發展有規模有效益的風能、太陽能、生物質能、地熱能、海洋能、氫能等新能源，統籌水電開發和生態保護，積極安全有序發展核電。推動能源技術與現代信息、新材料和先進製造技術深度融合，探索能源生產和消費新模式。

完善綠色低碳政策體系，優化財稅、價格、投資、金融政策。健全"雙碳"標準，構建統一規範的碳排放統計核算體系，推動轉向碳排放的總量和強度"雙控"制度。完善碳定價機制，堅決遏制高耗能、高排放、低水平項目盲目發展。推進重點行業綠色化改造，大力推動鋼鐵、有色金屬、石化、化工、建材等傳統產業優化升級。加大貨物運輸結構調整力度，壯大節能環保等產業，支持有條件的地方和重點行業、重點企業率先達峰。

秉持人類命運共同體理念，以更加積極的姿態參與全球氣候談判議程和國際規則制定，推動構建公平合理、合作共贏的全球氣候治理體系。

第十一講

推進國家安全體系和能力現代化，堅決維護國家安全和社會穩定黨的二十大報告指出：國家安全是民族復興的根基，社會穩定是國家強盛的前提。

　　全面建設社會主義現代化國家，必須推進國家安全體系和能力現代化。

一、貫徹總體國家安全觀

　　黨的二十大報告指出：必須堅定不移貫徹總體國家安全觀，把維護國家安全貫穿黨和國家工作各方面全過程，確保國家安全和社會穩定。

習近平總書記就貫徹總體國家安全觀提出"十個堅持"

1	堅持黨對國家安全工作的絕對領導	2	堅持中國特色國家安全道路
3	堅持以人民安全為宗旨	4	堅持統籌發展和安全
5	堅持把政治安全放在首要位置	6	堅持統籌推進各領域安全
7	堅持把防範化解國家安全風險擺在突出位置	8	堅持推進國際共同安全
9	堅持推進國家安全體系和能力現代化	10	堅持加強國家安全幹部隊伍建設

2014 年 4 月 15 日，習近平總書記在中央國家安全委員會第一次會議上創造性提出總體國家安全觀。總體國家安全觀涵蓋政治、軍事、國土、經濟、金融、文化、社會、科技、網絡、糧食、生態、資源、核、海外利益、太空、深海、極地、生物、人工智能、數據等諸多領域，為新形勢下保障人民安康、社會安定、國家安穩提供了基本遵循，為維護和塑造中國特色國家安全提供了行動指南。

面對波譎雲詭的國際形勢、複雜敏感的周邊環境、艱巨繁重的改革發展穩定任務和向第二個百年奮鬥目標進軍的要求，必須堅決貫徹總體國家安全觀，堅持走中國特色國家安全道路，立足國際秩序大變局和我國發展重要戰略機遇期大背景，認清國家安全新形勢新任務新要求，始終把國家安全置於中國特色社會主義事業全局中來把握，牢牢掌握維護國家安全的戰略主動權。不斷提高戰略思維、歷史思維、辯證思維、創新思維、法治思維、底線思維、系統思維能力，下好先手棋、打好主動仗，發揚鬥爭精神、增強鬥爭本領，有效應對重大挑戰、抵禦重大風險、克服重大阻力、解決重大矛盾，全面加強國家安全工作。不斷完善國家安全戰略體系，構建國家安全體系框架，建立國家安全工作協調機制，防範和化解影響我國現代化進程的各種風險，塑造總體有利的國家安全戰略態勢，守住不發生系統性風險和不犯顛覆性錯誤的底線，為建設社會主義現代化國家提供堅強保障。

因此，黨的二十大報告指出：我們要堅持以人民安全為宗旨、以政治安全為根本、以經濟安全為基礎、以軍事科技文化社會安全為保障、以促進國際安全為依託，統籌外部安全和內部安全、國土安全和國民安全、傳統安全和非傳統安全、自身安全和共同安全，統籌維護和塑造國家安全，夯實國家安全和社會穩定基層基礎，完善參與全球安全治理機制，建設更高水平的平安中國，以新安全格局保障新發展格局。

二、健全國家安全體系

　　黨的二十大報告指出：堅持黨中央對國家安全工作的集中統一領導，完善高效權威的國家安全領導體制。強化國家安全工作協調機制，完善國家安全法治體系、戰略體系、政策體系、風險監測預警體系、國家應急管理體系，完善重點領域安全保障體系和重要專項協調指揮體系，強化經濟、重大基礎設施、金融、網絡、數據、生物、資源、核、太空、海洋等安全保障體系建設。健全反制裁、反干涉、反"長臂管轄"機制。完善國家安全力量佈局，構建全域聯動、立體高效的國家安全防護體系。

　　堅持黨對國家安全工作的絕對領導，完善集中統一、高效權威的國家安全領導體制，實施更為有力的統領和協調。進一步發揮中央國家安全委員會統籌國家安全事務的作用，進一步完善國家安全工作機制，加強國家安全工作組織協調，統籌國家安全各領域、各要素、各

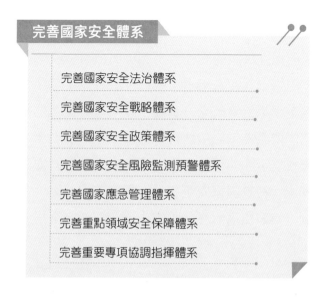

完善國家安全體系

完善國家安全法治體系

完善國家安全戰略體系

完善國家安全政策體系

完善國家安全風險監測預警體系

完善國家應急管理體系

完善重點領域安全保障體系

完善重要專項協調指揮體系

層面，健全國家安全法律制度體系，完善國家安全戰略和國家安全政策，健全國家安全保障體制機制，建立健全跨部門跨地區國家安全風險研判、防控協同、防範化解聯合工作機制，著力在提高把握全局、謀劃發展的戰略能力上下工夫，嚴密防範和堅決打擊各種滲透顛覆破壞活動、暴力恐怖活動、民族分裂活動、宗教極端活動，不斷增強駕馭風險、迎接挑戰的本領。

三、增強維護國家安全能力

黨的二十大報告指出：堅定維護國家政權安全、制度安全、意識形態安全，加強重點領域安全能力建設，確保糧食、能源資源、重要產業鏈供應鏈安全，加強海外安全保障能力建設，維護我國公民、

法人在海外合法權益，維護海洋權益，堅定捍衛國家主權、安全、發展利益。提高防範化解重大風險能力，嚴密防範系統性安全風險，嚴厲打擊敵對勢力滲透、破壞、顛覆、分裂活動。全面加強國家安全教育，提高各級領導幹部統籌發展和安全能力，增強全民國家安全意識和素養，築牢國家安全人民防線。

把政治安全作為根本，鞏固政權安全和制度安全，堅決維護中國共產黨的領導和執政地位、維護中國特色社會主義制度，切實加強意識形態工作，持續鞏固壯大主流輿論強勢，嚴密防範和堅決打擊各種滲透顛覆破壞活動。

堅決維護國家主權、安全、發展利益，提升維護國土安全能力，加強邊防、海防、空防建設，堅決捍衛領土主權和海洋權益，決不拿自己的核心利益做交易，決不放棄自己的正當權益，有效遏制侵害國家安全的各種圖謀和行為，築牢國家安全的銅牆鐵壁。保護海外中國公民、組織和機構的基本安全和正當權益，維護我國海外利益安全，

 權威聲音

習近平（中共中央總書記、國家主席、中央軍委主席）：要堅持黨對國家安全工作的絕對領導，實施更為有力的統領和協調。中央國家安全委員會要發揮好統籌國家安全事務的作用，抓好國家安全方針政策貫徹落實，完善國家安全工作機制，著力在提高把握全局、謀劃發展的戰略能力上下工夫，不斷增強駕馭風險、迎接挑戰的本領。要加強國家安全系統黨的建設，堅持以政治建設為統領，教育引導國家安全部門和各級幹部增強"四個意識"、堅定"四個自信"，堅決維護黨中央權威和集中統一領導，建設一支忠誠可靠的國家安全隊伍。

建立強有力的海外利益安全保障體系。

增強全黨全國人民國家安全意識，形成全社會共同維護公共安全的良好局面，將國家的公共安全決策轉化為全民維護公共安全的實際行動和巨大合力。

四、提高公共安全治理水平

黨的二十大報告指出：堅持安全第一、預防為主，建立大安全大應急框架，完善公共安全體系，推動公共安全治理模式向事前預防轉型。推進安全生產風險專項整治，加強重點行業、重點領域安全監管。提高防災減災救災和重大突發公共事件處置保障能力，加強國家區域應急力量建設。強化食品藥品安全監管，健全生物安全監管預警防控體系。加強個人信息保護。

公共安全以保障人民生命財產安全、社會安定有序和經濟社會系統的持續運行為核心目標，是國家安全的重要領域，與人民群眾生命財產安全密切相關，直接關係人民群眾的獲得感、幸福感、安全感。

構建全方位、立體化、多維度的公共安全防護體系，充分運用複雜系統動力學、大數據、雲計算、物聯網等現代科學技術手段，提高公共安全體系科學化精細化水平，提升公共安全的聯動響應和應急管控能力，全面加強公共安全風險評估、預防準備、監測預警、態勢研判、救援處置、綜合保障等各個環節的專業水平，加強防災減災預警系統、國家專業救援隊伍、國家應急物資裝備、國家應急通信系統、國家應急運輸保障系統等能力建設，推動公共安全領域的相關部門協同管理、相互配合、共同發力。

構建覆蓋專業人才培養與基層民眾科普的公共安全教育體系，完善公共安全學科建設和教育體系，建設一批公共安全體驗、培訓、演

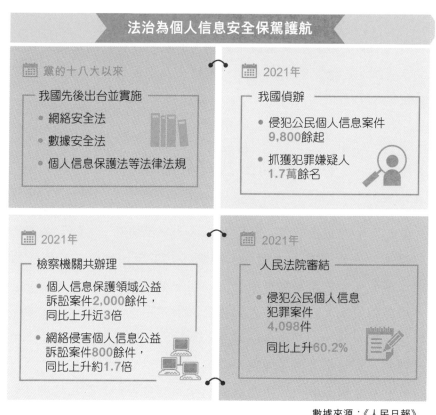

法治為個人信息安全保駕護航

黨的十八大以來

我國先後出台並實施
- 網絡安全法
- 數據安全法
- 個人信息保護法等法律法規

2021年

我國偵辦
- 侵犯公民個人信息案件 9,800餘起
- 抓獲犯罪嫌疑人 1.7萬餘名

2021年

檢察機關共辦理
- 個人信息保護領域公益訴訟案件2,000餘件，同比上升近3倍
- 網絡侵害個人信息公益訴訟案件800餘件，同比上升約1.7倍

2021年

人民法院審結
- 侵犯公民個人信息犯罪案件 4,098件
  同比上升60.2%

數據來源：《人民日報》

練基地，著力提高民眾的安全意識、安全素質和自救互救能力。

五、完善社會治理體系

黨的二十大報告指出：健全共建共治共享的社會治理制度，提升社會治理效能。在社會基層堅持和發展新時代"楓橋經驗"，完善正確處理新形勢下人民內部矛盾機制，加強和改進人民信訪工作，暢通和規範群眾訴求表達、利益協調、權益保障通道，完善網格化管理、精細化服務、信息化支撐的基層治理平台，健全城鄉社區治理體系，及時把矛盾糾紛化解在基層、化解在萌芽狀態。加快推進市域社會治理現代化，提高市域社會治理能力。強化社會治安整體防控，推進掃黑除惡常態化，依法嚴懲群眾反映強烈的各類違法犯罪活動。發展壯大群防群治力量，營造見義勇為社會氛圍，建設人人有責、人人盡責、人人享有的社會治理共同體。

打造共建共治共享的社會治理格局，完善黨委領導、政府負責、社會協同、公眾參與、法治保障的社會治理體制。完善各司其職、各負其責、相互配合、齊抓共管的社會治理協同監管機制。針對城市和鄉村的不同特點與實際情況，堅持源頭治理、系統治理、依法治理、綜合治理，完善依法有效預防和化解社會風險的體制機制，使社會治理成效更多、更公平地惠及全體人民。

樹立強基固本思想，堅持和發展 "楓橋經驗"，牢牢抓住基層基礎這一本源，最大限度把矛盾風險防範化解在基層，實現小事不出

深閱讀

20 世紀 60 年代初，浙江諸暨楓橋的幹部群眾創造了 "發動和依靠群眾，堅持矛盾不上交，就地解決，實現捕人少、治安好" 的 "楓橋經驗"。1963 年，"楓橋經驗" 經毛澤東批示後在全國推廣。多年來 "楓橋經驗" 歷久彌新、經久不衰，成為我國政法綜治戰線的一面光輝旗幟。黨的十八大以來，習近平總書記提出了一系列社會治理的新理念新思想新戰略，特別是對堅持發展 "楓橋經驗" 作出重要指示，要求把 "楓橋經驗" 堅持好、發展好，把黨的群眾路線堅持好、貫徹好。

（摘編自《堅持和發展新時代 "楓橋經驗"》，《求是》，2018 年第 23 期，作者：馬衛光）

村、大事不出鎮、矛盾不上交。堅持重心下移、力量下沉、資源下投，加強基層社會治理隊伍建設，培育基層黨組織帶頭人。加強對城鄉社區工作者和網格管理員隊伍的教育培訓、規範管理、職業保障、表彰獎勵，有效激發工作積極性。構建網格化管理、精細化服務、信息化支撐的基層治理服務平台，建立健全富有活力和效率的新型基層治理體系。善於運用法治、民主、協商的辦法處理人民內部矛盾，促進社會既充滿活力又和諧有序。

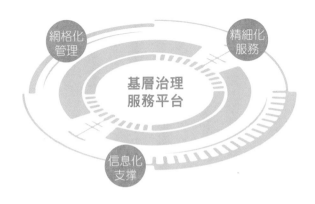

建立政社分開、權責明確、依法自治的社會組織制度，激發社會組織在參與社會事務、維護公共利益等方面的活力，扶持發展城鄉基層生活服務類、公益慈善類、專業調處類、治保維穩類等社會組織，發揮它們在社會治理中的重要作用，發揮市民公約、鄉規民約、行業規章、團體章程等社會規範在社會治理中的積極作用。

加強社會治理制度建設，全面提升社會治理法治化水平，推進社會治理制度化、規範化，依靠法治維護社會秩序、解決社會問題、協調利益關係、推動社會事業發展。

第十二講

實現建軍一百年奮鬥目標，開創國防和軍隊現代化新局面

黨的二十大報告指出：如期實現建軍一百年奮鬥目標，加快把人民軍隊建成世界一流軍隊，是全面建設社會主義現代化國家的戰略要求。必須貫徹新時代黨的強軍思想，貫徹新時代軍事戰略方針，堅持黨對人民軍隊的絕對領導，堅持政治建軍、改革強軍、科技強軍、人才強軍、依法治軍，堅持邊鬥爭、邊備戰、邊建設，堅持機械化信息化智能化融合發展，加快軍事理論現代化、軍隊組織形態現代化、軍事人員現代化、武器裝備現代化，提高捍衛國家主權、安全、發展利益戰略能力，有效履行新時代人民軍隊使命任務。

一、貫徹習近平強軍思想

　　習近平強軍思想堅持馬克思主義軍事理論的立場、觀點、方法，準確把握世情國情軍情的深刻變化，作出一系列新的重大判斷、新的理論概括、新的戰略安排，內涵豐富、思想深邃，是一個具有時代性引領性獨創性的科學理論體系，是黨的軍事指導理論創新的最新成果，是新時期黨的創新理論的“軍事篇”，開闢了當代中國馬克思主義軍事理論和軍事實踐發展的新境界，為實現黨在新時代強軍目標、把人民軍隊全面建成世界一流軍隊提供了根本引領和科學指南。

　　新時代 10 年來，國防和軍隊建設取得歷史性成就、發生歷史性變革，最根本的就在於有習近平強軍思想的科學指引。

二、如期實現建軍一百年奮鬥目標

黨的十九大著眼於國家安全和發展戰略全局，對國防和軍隊現代化建設作出"三步走"的戰略安排，強調要確保到 2020 年基本實現機械化，信息化建設取得重大進展，戰略能力有大的提升；力爭到 2035 年基本實現國防和軍隊現代化，到本世紀中葉把人民軍隊全面建成世界一流軍隊。

黨的十九屆五中全會進一步確定了加快國防和軍隊現代化建設的目標任務和發展步驟，提出了 2027 年實現建軍 100 年奮鬥目標的新要求。

黨的十九屆六中全會又提出了國防和軍隊現代化新"三步走"戰略目標。《中共中央關於黨的百年奮鬥重大成就和歷史經驗的決議》指出：黨提出新時代的強軍目標，確立新時代軍事戰略方針，制定到 2027 年實現建軍 100 年奮鬥目標、到 2035 年基本實現國防和軍隊現代化、到本世紀中葉全面建成世界一流軍隊的國防和軍隊現代化新"三步走"戰略。國防和軍隊現代化新"三步走"戰略使強軍興軍的

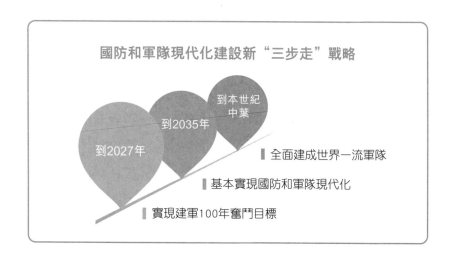

習近平（中共中央總書記、國家主席、中央軍委主席）：我軍學習宣傳貫徹黨的二十大精神，要把聚焦點和著力點放在實現建軍一百年奮鬥目標上，這是未來 5 年我軍建設的中心任務，必須全力以赴，務期必成。要深化對新時代黨的強軍思想理解認識，切實學懂弄通做實，轉化為推進強軍事業的強大力量。要強化進取意識，堅持問題導向，在勇於變革、攻堅克難中開拓前進。要真抓實幹、埋頭苦幹，把擔負的任務不折不扣落到實處，確保如期實現建軍一百年奮鬥目標。

戰略路徑更加科學清晰。

實現建軍 100 年奮鬥目標，是黨中央和中央軍委把握強國強軍時代要求作出的重大決策，是關係國家安全和發展全局的重大任務，是國防和軍隊現代化新"三步走"戰略十分緊要的一步。推進實現建軍 100 年奮鬥目標，是關係我軍建設全局的一場深刻變革，要搞好科學統籌，堅持以戰領建，加強創新突破，轉變發展理念，創新發展模式，抓好重點任務，增強發展動能，加快工作進度，保證工作質量。

三、全面加強人民軍隊黨的建設，確保槍桿子永遠聽黨指揮

黨的二十大報告指出：健全貫徹軍委主席負責制體制機制。深化黨的創新理論武裝，開展"學習強軍思想、建功強軍事業"教育實踐活動。加強軍史學習教育，繁榮發展強軍文化，強化戰鬥精神培育。

建強人民軍隊黨的組織體系，推進政治整訓常態化制度化，持之以恒正風肅紀反腐。

黨對人民軍隊的絕對領導是中國特色社會主義的本質特徵，是黨和國家的重要政治優勢，是人民軍隊的建軍之本、強軍之魂。

堅持黨領導人民軍隊的一系列根本原則和制度，是我們黨在血與火的鬥爭中得出的顛撲不破真理。人民軍隊是黨締造的，一誕生便與黨緊緊地聯繫在一起，始終在黨的絕對領導下行動和戰鬥。建軍以來，人民軍隊之所以能始終保持強大的凝聚力、向心力、戰鬥力，經受住各種考驗，不斷從勝利走向勝利，最根本的就是因為槍桿子始終掌握在黨的手裏。正是因為有黨的堅強領導，才保證了人民軍隊在長期複雜鬥爭中沒有迷失方向，才保證了國家的長治久安。推進強軍事業，建設世界一流軍隊，必須毫不動搖、始終不渝堅持黨對人民軍隊絕對領導，加強以黨的創新理論武裝全軍，全面推進軍隊黨的政治建設、思想建設、組織建設、作風建設、紀律建設，把制度建設貫穿其中，深入推進反腐敗鬥爭，培養有靈魂、有本事、有血性、有品德的新一代革命軍人，鍛造鐵一般信仰、鐵一般信念、鐵一般紀律、鐵一般擔當的過硬部隊，確保部隊絕對忠誠、絕對純潔、絕對可靠，確保

堅持黨對人民軍隊絕對領導的根本原則和主要制度

根本原則	制度（主要包括）
✔ 黨對人民軍隊絕對領導是獨立的、直接的、全面的領導	✔ 人民軍隊最高領導權和指揮權屬於黨中央和中央軍委，中央軍委實行主席負責制
✔ 人民軍隊必須堅持黨的領導的唯一性、徹底性、無條件性，完全地無條件地置於黨的領導之下	✔ 實行黨委制、政治委員制、政治機關制
	✔ 實行黨委（支部）統一的集體領導下的首長分工負責制
	✔ 實行支部建在連上

人民軍隊永遠跟黨走。

　　軍委主席負責制是黨對人民軍隊絕對領導的制度"龍頭"，是確保國家長治久安的"定海神針"。落實黨對人民軍隊絕對領導，首要的是維護和貫徹軍委主席負責制，強化"四個意識"，堅決做到"兩個維護"，始終在政治立場、政治方向、政治原則、政治道路上同黨中央、習近平主席保持高度一致，一切行動聽從黨中央、習近平主席指揮。堅持黨對軍隊絕對領導，全面加強人民軍隊黨的建設，要構建系統完備的人民軍隊黨的建設制度體系，狠抓各項制度貫通落實，尤其要堅決、全面、具體、無條件地貫徹軍委主席負責制，確保習近平主席號令直達末端、直達官兵。

四、全面加強練兵備戰，提高人民軍隊打贏能力

　　黨的二十大報告指出：研究掌握信息化智能化戰爭特點規律，創新軍事戰略指導，發展人民戰爭戰略戰術。打造強大戰略威懾力量體系，增加新域新質作戰力量比重，加快無人智能作戰力量發展，統籌網絡信息體系建設運用。優化聯合作戰指揮體系，推進偵察預警、聯合打擊、戰場支撐、綜合保障體系和能力建設。深入推進實戰化軍事訓練，深化聯合訓練、對抗訓練、科技練兵。加強軍事力量常態化多樣化運用，堅定靈活開展軍事鬥爭，塑造安全態勢，遏控危機衝突，打贏局部戰爭。

　　深入貫徹新時代軍事戰略方針，堅持積極防禦戰略思想，與時俱進創新軍事戰略指導，適應國家安全環境深刻變化，適應戰爭形態和作戰樣式發展趨勢，統籌推進傳統安全領域和新型安全領域軍事鬥爭準備，整體運籌備戰與止戰、維權與維穩、威懾與實戰、戰爭行動與和平時期軍事力量運用，更加注重聚焦實戰、更加注重創新驅動、更

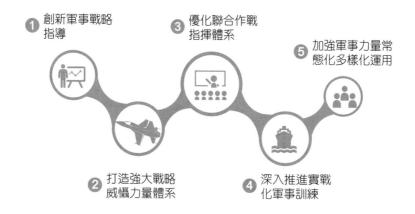

提高人民軍隊打贏能力

❶ 創新軍事戰略指導

❷ 打造強大戰略威懾力量體系

❸ 優化聯合作戰指揮體系

❹ 深入推進實戰化軍事訓練

❺ 加強軍事力量常態化多樣化運用

加注重體系建設、更加注重集約高效、更加注重軍民融合。堅持以軍事鬥爭準備為"龍頭"帶動現代化建設，牢固樹立戰鬥力這個唯一的根本的標準，堅持用有利於提高戰鬥力來衡量和檢驗各項工作。加快提高基於網絡信息體系的聯合作戰能力、全域作戰能力，建設堅強高效的戰區聯合作戰指揮機構和科學完備的聯合作戰體制機制。加快構建中國特色現代作戰體系，扎實做好各戰略方向軍事鬥爭準備，全面提高部隊以打贏信息化條件下局部戰爭能力為核心的完成多樣化軍事任務能力，確保部隊召之即來、來之能戰、戰之必勝，實現有效塑造態勢、管控危機、遏制戰爭、打贏戰爭。堅決打敗一切來犯之敵，切實擔當起黨和人民賦予的新時代使命任務。

五、全面加強軍事治理

黨的二十大報告指出：鞏固拓展國防和軍隊改革成果，完善軍事力量結構編成，體系優化軍事政策制度。加強國防和軍隊建設重大任務戰建備統籌，加快建設現代化後勤，實施國防科技和武器裝備重大

構建完善的
軍事法規
制度體系　02

構建完善的
軍事法治
實施體系

01　完善中國
特色軍事
法治體系　03

構建完善的
軍事法治
保障體系　04

構建完善的
軍事法治
監督體系

工程，加速科技向戰鬥力轉化。深化軍隊院校改革，建強新型軍事人才培養體系，創新軍事人力資源管理。加強依法治軍機制建設和戰略規劃，完善中國特色軍事法治體系。改進戰略管理，提高軍事系統運行效能和國防資源使用效益。

　　完善和發展中國特色社會主義軍事制度，加快構建中國特色現代軍事力量體系，深入推進我軍組織形態現代化，鞏固和拓展前期改革成果，推進領導掌握部隊和高效指揮部隊的有機統一。建設善謀打仗、指揮高效、敢打必勝的聯合作戰指揮機構，推動軍兵種建設戰略轉型，形成軍委管總、戰區主戰、軍種主建的格局。優化規模結構和部隊編成，推動我軍由數量規模型向質量效能型轉變。牢固樹立戰鬥力這個唯一的根本的標準，以先進軍事理論引領軍事實踐，向能打仗、打勝仗聚焦，加強高素質新型軍事人才和軍事人力資源培養體系建設，以先進組織形態解放和發展戰鬥力、解放和增強軍隊活力，為適應信息化戰爭和履行使命要求的先進武器裝備體系提供強大物質技術支撐，加強練兵備戰，深入推進實戰化軍事訓練，大力提高軍事訓練實戰化水平。

六、鞏固提高一體化國家戰略體系和能力

黨的二十大報告指出：加強軍地戰略規劃統籌、政策制度銜接、資源要素共享。優化國防科技工業體系和佈局，加強國防科技工業能力建設。深化全民國防教育。加強國防動員和後備力量建設，推進現代邊海空防建設。加強軍人軍屬榮譽激勵和權益保障，做好退役軍人服務保障工作。鞏固發展軍政軍民團結。

軍民融合發展是興國之舉、強軍之策，推進強軍事業，必須深入推進軍民融合發展，構建軍民一體化的國家戰略體系和能力，逐步實現國家各領域戰略佈局一體融合、戰略資源一體整合、戰略力量一體運用。

要堅持富國和強軍相統一，構建軍民融合發展的統一領導、軍地協調、需求對接、系統完備、銜接配套、有效激勵的資源共享機制，完善順暢高效的軍民融合組織管理體系、工作運行體系、政策制度體

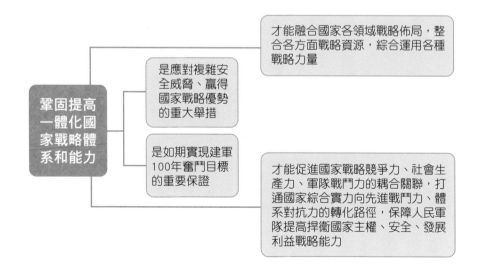

鞏固提高一體化國家戰略體系和能力
- 是應對複雜安全威脅、贏得國家戰略優勢的重大舉措
  - 才能融合國家各領域戰略佈局，整合各方面戰略資源，綜合運用各種戰略力量
- 是如期實現建軍100年奮鬥目標的重要保證
  - 才能促進國家戰略競爭力、社會生產力、軍隊戰鬥力的耦合關聯，打通國家綜合實力向先進戰鬥力、體系對抗力的轉化路徑，保障人民軍隊提高捍衛國家主權、安全、發展利益戰略能力

系，堅定不移走軍民融合式創新之路，在更廣範圍、更高層次、更深程度上把軍事創新體系納入國家創新體系之中，形成全要素、多領域、高效益的軍民融合深度發展格局，促進經濟建設和國防建設協調發展、平衡發展、兼容發展，統籌發展和安全兩件大事，實現經濟建設和國防建設綜合效益最大化。

軍隊要善於運用社會一切優質資源和先進成果，把國防和軍隊建設有機融入經濟社會發展體系；地方要注重在經濟建設中貫徹國防需求，自覺把經濟佈局調整同國防佈局完善有機結合起來。

加強全民國防教育，完善國防動員體系，大力弘揚軍愛民、民擁軍的光榮傳統，加強退役軍人管理保障工作，維護軍人軍屬合法權益，鞏固發展堅如磐石的軍政軍民關係。

黨的二十大報告強調：人民軍隊始終是黨和人民完全可以信賴的英雄軍隊，有信心、有能力維護國家主權、統一和領土完整，有信心、有能力為實現中華民族偉大復興提供戰略支撐，有信心、有能力為世界和平與發展作出更大貢獻！

第十三講

堅持和完善"一國兩制"，
推進祖國統一

"一國兩制"由偉大構想變為生動現實，展示了強大生命力，為實現祖國完全統一提供了最佳制度安排。

一、促進香港、澳門長期繁榮穩定

黨的二十大報告指出："一國兩制"是中國特色社會主義的偉大創舉，是香港、澳門回歸後保持長期繁榮穩定的最佳制度安排，必須長期堅持。

（一）全面準確、堅定不移貫徹"一國兩制"、"港人治港"、"澳人治澳"、高度自治的方針

黨的二十大報告指出：全面準確、堅定不移貫徹"一國兩制"、"港人治港"、"澳人治澳"、高度自治的方針，堅持依法治港治澳，維護憲法和基本法確定的特別行政區憲制秩序。堅持和完善"一國兩制"制度體系，落實中央全面管治權，落實"愛國者治港"、"愛國者治澳"原則，落實特別行政區維護國家安全的法律制度和執行機制。堅持中央全面管治權和保障特別行政區高度自治權相統一，堅持行政主導，支持行政長官和特別行政區政府依法施政，提升全面治理能力和管治水平，完善特別行政區司法制度和法律體系，保持香港、澳門資本主義制度和生活方式長期不變，促進香港、澳門長期繁榮穩定。

習近平總書記指出："'一國兩制'是經過實踐反覆檢驗了的，

符合國家、民族根本利益，符合香港、澳門根本利益，得到 14 億多祖國人民鼎力支持，得到香港、澳門居民一致擁護，也得到國際社會普遍贊同。"習近平總書記還強調："中央貫徹'一國兩制'方針堅持兩點，一是堅定不移，確保不會變、不動搖；二是全面準確，確保不走樣、不變形。"

歷史已經證明，"一國兩制"在港澳的實踐是行得通、辦得到、得人心的，必須長期堅持。必須全面準確、堅定不移貫徹"一國兩制"、"港人治港"、"澳人治澳"、高度自治方針，堅持中央全面管治權和保障特別行政區高度自治權相統一，維護中央對特別行政區的全面管治權。高度自治源於中央授權，絕不存在完全自治，絕不允許擺脫中央的領導、管理和監督，絕不允許用所謂"自決權"否定和排斥國家主權、挑戰中央的管治權，自治權必須由愛國者掌握，只有這樣才能保持特別行政區長治久安。

香港、澳門堅持實行行政主導體制，全力支持行政長官和特別行

 權威評論

王靈桂（國務院港澳事務辦公室副主任、黨組成員）："一國兩制"是中國特色社會主義的偉大創舉，是香港、澳門回歸祖國後保持長期繁榮穩定的最佳制度。"一國兩制"制度作為一項前無古人的偉大事業，從 40 年前的科學構想變成生動實踐，從全面付諸實踐到不斷豐富完善，戰勝了系列挑戰和風險，取得舉世公認的成功。黨的十八大以來，在習近平總書記的掌舵領航和黨中央的堅強領導下，推動香港實現由亂到治的重大轉折，澳門保持穩定發展良好態勢。20 多年來的實踐充分證明，"一國兩制"是行得通、辦得到、得人心的好制度。

政區政府依法施政、積極作為。支持行政長官領導特別行政區政府依法施政，支持行政、立法、司法機關依法履職，支持特別行政區政府積極回應社會發展新要求和廣大居民新期待，團結帶領全社會集中精力發展經濟、切實有效改善民生、堅定不移守護法治、循序漸進推進民主、包容共濟促進和諧，著力破解影響香港、澳門經濟社會發展和長治久安的深層次矛盾和突出問題，不斷提高施政能力和管治水平，實現良政善治。

（二）支持香港、澳門經濟社會發展

黨的二十大報告指出：支持香港、澳門發展經濟、改善民生、破解經濟社會發展中的深層次矛盾和問題。發揮香港、澳門優勢和特點，鞏固提升香港、澳門在國際金融、貿易、航運航空、創新科技、文化旅遊等領域的地位，深化香港、澳門同各國各地區更加開放、更加密切的交往合作。推進粵港澳大灣區建設，支持香港、澳門更好融入國家發展大局，為實現中華民族偉大復興更好發揮作用。

全面支持香港、澳門對接國家發展戰略，更好融入國家發展大

自回歸祖國以來，香港、澳門保持繁榮穩定

■ 香港邁上由治及興新征程

2021年
香港本地生產總值名義計算為 **2.86萬億港元**

1997—2021年香港本地生產總值年均實際增長 2.7%

■ 澳門經濟適度多元發展

1999—2021年
澳門本地生產總值年均實際增長 **3.5%**

人均本地生產總值（萬美元）
1.5 （1999年）
4.4 （2021年）

數據來源：國家發展改革委、新華社、《人民日報》

局，支持香港、澳門發展經濟、改善民生，增強港澳同胞國家意識和愛國精神，把國家發展帶來的重大機遇、內地各方面的大力支持與香港、澳門所具有的高度法治化、市場化、專業化、國際化等優勢相結合，完善促進香港、澳門同內地優勢互補、協同發展的政策體系。

發揮香港、澳門參與共建"一帶一路"的重大意義和獨特作用，推動香港、澳門進一步發揮區位優勢、先發優勢和現代服務業專業化優勢及人文優勢，在金融和投資、基礎設施建設與航運、經貿交流與合作、民心相通、加強對接合作與爭議解決服務等國際合作領域積極作為，為香港、澳門在國家支持下放大自身優勢、拓展國際經貿聯繫提供廣闊舞台。

高質量建設粵港澳大灣區，推動粵港澳大灣區制度機制創新，率先實現要素便捷流動，健全香港、澳門與內地在各領域深入開展交流合作的各種機制，完善便利香港、澳門居民在內地學習、創業、就業、生活的政策措施。

（三）發展壯大愛國愛港愛澳力量

黨的二十大報告指出：發展壯大愛國愛港愛澳力量，增強港澳同胞的愛國精神，形成更廣泛的國內外支持"一國兩制"的統一戰線。堅決打擊反中亂港亂澳勢力，堅決防範和遏制外部勢力干預港澳事務。

堅持愛國者為主體的"港人治港"、"澳人治澳"，密切內地與港澳工商界、基層民眾的聯繫，擴大內地與港澳法律、教育、傳媒等專業人士的往來，發展壯大愛國愛港愛澳力量，努力促進港澳社會的包容共濟，增強香港、澳門同胞的國家意識和愛國精神，在愛國愛港愛澳旗幟下實現最廣泛的團結，使愛國愛港愛澳光榮傳統薪火相傳，使"一國兩制"事業後繼有人，讓香港、澳門同胞同祖國人民共擔民族復興的歷史責任、共享祖國繁榮富強的偉大榮光。完善堅決防範和遏制外部勢力干預港澳事務和進行分裂、顛覆、滲透、破壞活動的體制機制。

二、堅定不移推進祖國完全統一

黨的二十大報告指出：解決台灣問題、實現祖國完全統一，是黨矢志不渝的歷史任務，是全體中華兒女的共同願望，是實現中華民族偉大復興的必然要求。堅持貫徹新時代黨解決台灣問題的總體方略，牢牢把握兩岸關係主導權和主動權，堅定不移推進祖國統一大業。

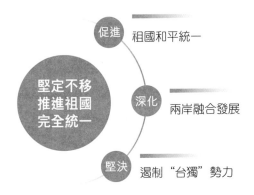

（一）促進祖國和平統一

黨的二十大報告指出："和平統一、一國兩制" 方針是實現兩岸統一的最佳方式，對兩岸同胞和中華民族最有利。我們堅持一個中國原則和 "九二共識"，在此基礎上，推進同台灣各黨派、各界別、各階層人士就兩岸關係和國家統一開展廣泛深入協商，共同推動兩岸關係和平發展、推進祖國和平統一進程。我們堅持團結廣大台灣同胞，堅定支持島內愛國統一力量，共同把握歷史大勢，堅守民族大義，堅定反 "獨" 促統。偉大祖國永遠是所有愛國統一力量的堅強後盾！

黨的十八大以來，習近平總書記就對台工作提出一系列重要理念、重大政策、重要主張，形成了新時代黨解決台灣問題的總體方略。這是中國共產黨解決台灣問題、實現祖國統一的最新理論成果，科學回答了在中華民族偉大復興進程中實現祖國完全統一的時代命題，具有重要的歷史意義、理論意義和實踐意義，為新時代對台工作提供了根本遵循和行動綱領。

台灣問題因民族弱亂而產生，必將隨著民族復興而解決，國家強大、民族復興、兩岸統一的趨勢是任何人、任何勢力都無法阻擋的。這是由中華民族歷史演進大勢所決定的，更是全體中華兒女的共同意志。

一個中國原則是兩岸關係的政治基礎。推動兩岸關係和平發展，最根本的是堅持一個中國原則。雖然兩岸迄今尚未統一，但兩岸同屬一個國家、兩岸同胞同屬一個民族，中國的主權和領土完整從未分裂，這一歷史事實和法理基礎從未改變，也不可能改變。"一國兩制"是一個和平的方案、民主的方案、善意的方案、共贏的方案，是解決台灣問題的最具包容性的方案。

體現一個中國原則的"九二共識"明確界定了兩岸關係的根本性質，是確保兩岸關係和平發展的關鍵。"九二共識"表明，大陸與台灣同屬一個中國，兩岸關係不是國與國關係，也不是"一中一台"。承認"九二共識"、認同兩岸同屬一個中國，兩岸雙方就能夠開展對話和協商，兩岸關係就能順利健康發展，共同努力謀求國家統一。

（二）深化兩岸融合發展

黨的二十大報告指出：兩岸同胞血脈相連，是血濃於水的一家人。我們始終尊重、關愛、造福台灣同胞，繼續致力於促進兩岸經濟文化交流合作，深化兩岸各領域融合發展，完善增進台灣同胞福祉的制度和政策，推動兩岸共同弘揚中華文化，促進兩岸同胞心靈契合。

習近平總書記強調，兩岸同胞要秉持同胞情、同理心，以正確的歷史觀、民族觀、國家觀化育後人，弘揚偉大民族精神，必定達到

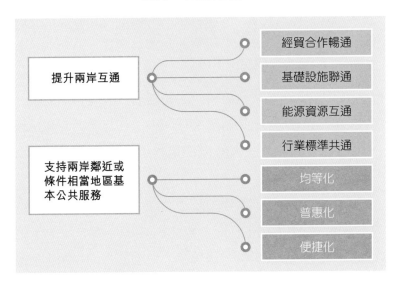

兩岸 "四通三化"

- 提升兩岸互通
  - 經貿合作暢通
  - 基礎設施聯通
  - 能源資源互通
  - 行業標準共通
- 支持兩岸鄰近或條件相當地區基本公共服務
  - 均等化
  - 普惠化
  - 便捷化

兩岸同胞心靈契合。我們要踐行秉持 "兩岸一家親" 理念,率先同台灣同胞分享大陸發展的機遇,擴大深化兩岸經濟合作和文化往來,努力擴大兩岸民眾的受益面和獲得感,逐步為台灣同胞在大陸學習、創業、就業、生活提供與大陸同胞同等的待遇。突出以通促融、以惠促融、以情促融,勇於探索海峽兩岸融合發展新路,率先在福建建設海峽兩岸融合發展示範區。持續推進兩岸應通盡通,不斷提升兩岸經貿合作暢通、基礎設施聯通、能源資源互通、行業標準共通。推動兩岸文化教育、醫療衛生合作,社會保障和公共資源共享,支持兩岸鄰近或條件相當地區基本公共服務均等化、普惠化、便捷化。積極推進兩岸經濟合作制度化,打造兩岸共同市場,壯大中華民族經濟。

完善保障台灣同胞福祉和在大陸享受同等待遇的制度和政策,依法維護台灣同胞正當權益。支持台胞、台企參與 "一帶一路" 建設、國家區域重大戰略和區域協調發展戰略,融入新發展格局,參與高質量發展,讓台灣同胞分享更多發展機遇,參與國家經濟社會發展進程。

（三）堅決遏制"台獨"勢力

黨的二十大報告指出：台灣是中國的台灣。解決台灣問題是中國人自己的事，要由中國人來決定。我們堅持以最大誠意、盡最大努力爭取和平統一的前景，但決不承諾放棄使用武力，保留採取一切必要措施的選項，這針對的是外部勢力干涉和極少數"台獨"分裂分子及其分裂活動，絕非針對廣大台灣同胞。國家統一、民族復興的歷史車輪滾滾向前，祖國完全統一一定要實現，也一定能夠實現！

對兩岸關係和平發展的最大威脅是外部勢力干涉和"台獨"勢力及其分裂活動。"台獨"損害國家領土完整，破壞台海和平穩定，煽動兩岸同胞對立，阻撓兩岸關係發展，只會給兩岸同胞帶來深重禍害。

台灣是包括 2,300 萬台灣同胞在內的全體中國人民的台灣，中國人民捍衛國家主權和領土完整、維護中華民族根本利益的決心不可動搖、意志堅如磐石，有堅定的意志、充分的信心、足夠的能力挫敗任何形式的"台獨"分裂圖謀，絕不為各種形式的"台獨"分裂活動留下任何空間，絕不容忍國家分裂的歷史悲劇重演，絕不允許任何人、任何組織、任何政黨，在任何時候、以任何形式、把任何一塊中國領土從中國分裂出去！

黨的二十大報告表明的嚴正態度

- 解決台灣問題是中國人自己的事，要由中國人來決定

- 我們堅持以最大誠意、盡最大努力爭取和平統一的前景，但決不承諾放棄使用武力，保留採取一切必要措施的選項

- 國家統一、民族復興的歷史車輪滾滾向前，祖國完全統一一定要實現，也一定能夠實現

我們始終以最大誠意、盡最大努力爭取和平統一的前景，但同時堅持做好以非和平方式及其他必要措施應對外部勢力干涉和"台獨"重大事變的充分準備，目的是從根本上維護祖國和平統一的前景、推進祖國和平統一的進程。我們不承諾放棄使用武力，保留採取一切必要措施的選項，針對的是外部勢力干涉和極少數"台獨"分裂分子及其分裂活動，絕非針對廣大台灣同胞，非和平方式將是不得已情況下作出的最後選擇。如果"台獨"分裂勢力或外部干涉勢力挑釁逼迫，甚至突破紅線，我們將不得不採取斷然措施。

　　台灣問題是中國的內政，事關中國核心利益和中國人民的民族感情，不容任何外來干涉。任何人都不要低估中國人民捍衛國家主權和領土完整的堅強決心、堅定意志、強大能力，任何利用台灣問題干涉中國內政、阻撓中國統一進程的圖謀和行徑，都將遭到包括台灣同胞在內的全體中國人民的堅決反對，外部勢力阻礙中國完全統一必遭失敗。

深閱讀

　　"和平統一、一國兩制"是我們解決台灣問題的基本方針，也是實現國家統一的最佳方式，體現了海納百川、有容乃大的中華智慧，既充分考慮台灣現實情況，又有利於統一後台灣長治久安。實現兩岸和平統一，必須面對大陸和台灣社會制度與意識形態不同這一基本問題。"一國兩制"正是為解決這個問題而提出的最具包容性的方案。這是一個和平的方案、民主的方案、善意的方案、共贏的方案。兩岸制度不同，不是統一的障礙，更不是分裂的藉口。

（摘編自《台灣問題與新時代中國統一事業》白皮書，《人民日報》，2022 年 8 月 11 日）

第十四講

促進世界和平與發展，推動構建人類命運共同體

黨的二十大報告指出：當前，世界之變、時代之變、歷史之變正以前所未有的方式展開。一方面，和平、發展、合作、共贏的歷史潮流不可阻擋，人心所向、大勢所趨決定了人類前途終歸光明。另一方面，恃強凌弱、巧取豪奪、零和博弈等霸權霸道霸凌行徑危害深重，和平赤字、發展赤字、安全赤字、治理赤字加重，人類社會面臨前所未有的挑戰。世界又一次站在歷史的十字路口，何去何從取決於各國人民的抉擇。

黨的二十大報告強調：中國始終堅持維護世界和平、促進共同發展的外交政策宗旨，致力於推動構建人類命運共同體。

一、堅定奉行獨立自主的和平外交政策

黨的二十大報告指出：中國堅定奉行獨立自主的和平外交政策，始終根據事情本身的是非曲直決定自己的立場和政策，維護國際關係基本準則，維護國際公平正義。中國尊重各國主權和領土完整，堅持國家不分大小、強弱、貧富一律平等，尊重各國人民自主選擇的發展道路和社會制度，堅決反對一切形式的霸權主義和強權政治，反對冷戰思維，反對干涉別國內政，反對搞雙重標準。中國奉行防禦性的國防政策，中國的發展是世界和平力量的增長，無論發展到什麼程度，中國永遠不稱霸、永遠不搞擴張。

獨立自主的和平外交政策，是新中國成立 70 多年外交理論和實

黨的十八大以來，中國外交取得重要進展

1. ▶ 黨對對外工作的集中統一領導全面加強 ————

2. ▶ 全方位、多層次、立體化的外交佈局日益完善 ————

3. ▶ 國家主權、安全、發展利益得到有力維護 ————

4. ▶ 我國國際影響力、感召力、塑造力顯著提升 ————

5. ▶ 服務國家經濟社會發展更加有力有效 ————

踐的基本結晶，符合時代潮流及我國人民和世界人民根本利益。

中國堅持多邊主義和國際關係民主化，倡導相互尊重、平等協商，堅決摒棄冷戰思維和強權政治，始終把國家獨立、主權、尊嚴放在首位，堅定不移地維護國家主權、安全、發展利益。維護國際公平正義，堅持各國的事情由本國政府和人民自主決定，世界上的事情由各國政府和人民平等協商，反對恃強凌弱、背信棄義，反對一切形式的霸權霸凌霸道行為，反對侵略擴張和干涉別國內政。堅持重視各國合理安全關切，反對泛化國家安全概念，使各國都有平等參與國際和地區安全事務的權利，推動各國共同承擔維護國際和地區安全的責任和義務，通過構建均衡、有效、可持續的安全架構，實現普遍安全、共同安全，為各國人民追求美好生活創造安寧環境。主張通過和平方式解決國家分歧和國際爭端，通過對話協商，以對話增互信、以對話解紛爭、以對話促安全，摒棄冷戰思維、單邊主義、陣營對抗，倡導堅持平等協商，著眼各國共同安全利益，推進安全合作，以合作謀和平、以合作促安全，支持一切有利於以和平方式解決危機的努力。不參加任何軍備競賽和軍事集團，永遠不稱霸，永遠不搞擴張，永遠做維護世界和平的堅定力量。

二、推動構建新型國際關係

黨的二十大報告指出：中國堅持在和平共處五項原則基礎上同各國發展友好合作，推動構建新型國際關係，深化拓展平等、開放、合作的全球夥伴關係，致力於擴大同各國利益的匯合點。促進大國協調和良性互動，推動構建和平共處、總體穩定、均衡發展的大國關係格局。堅持親誠惠容和與鄰為善、以鄰為伴周邊外交方針，深化同周邊國家友好互信和利益融合。秉持真實親誠理念和正確義利觀加強同發展中國家團結合作，維護發展中國家共同利益。中國共產黨願在獨立自主、完全平等、互相尊重、互不干涉內部事務原則基礎上加強同各國政黨和政治組織交流合作，積極推進人大、政協、軍隊、地方、民間等各方面對外交往。

推動構建新型國際關係，是構建人類命運共同體的基本路徑。建設新型國際關係就是要秉持相互尊重、公平正義、合作共贏原則，走出一條對話而不對抗、結伴而不結盟的國與國交往新路。

中國堅持和各國人民共同推動構建新型國際關係，堅持積極發展全球夥伴關係，擴大同各國的利益匯合點，共同享受尊嚴、共同享受發展成果、共同享受安全保障。堅持國家不分大小、強弱、貧富一律平等，尊重各國人民自主選擇發展道路的權利。反對干涉別國內政、反對動輒使用武力或以武力相威脅，不斷完善我國全方位、多層次、立體化的外交佈局，打造覆蓋全球的"朋友圈"。

堅持在不衝突不對抗、相互尊重、合作共贏基礎上推進大國協調

推動構建新型國際關係

構建人類命運共同體的基本路徑

走出一條對話而不對抗、結伴而不結盟的國與國交往新路

與合作，推動構建和平共處、總體穩定、均衡發展的大國關係框架，維護世界和平與發展；按照親誠惠容理念和與鄰為善、以鄰為伴周邊外交方針深化同周邊國家關係，推動構建區域命運共同體；秉持真實親誠理念和正確義利觀加強同廣大發展中國家團結合作，維護廣大發展中國家共同利益。

三、堅定奉行互利共贏的開放戰略

黨的二十大報告指出：中國堅持對外開放的基本國策，堅定奉行互利共贏的開放戰略，不斷以中國新發展為世界提供新機遇，推動建設開放型世界經濟，更好惠及各國人民。中國堅持經濟全球化正確方向，推動貿易和投資自由化便利化，推進雙邊、區域和多邊合作，促進國際宏觀經濟政策協調，共同營造有利於發展的國際環境，共同培育全球發展新動能，反對保護主義，反對"築牆設壘"、"脫鈎斷鏈"，反對單邊制裁、極限施壓。中國願加大對全球發展合作的資源

**堅定奉行互利共贏的開放戰略，以中國
新發展為世界提供新機遇**

支持

- 推動貿易和投資自由化便利化
- 推進雙邊、區域和多邊合作
- 促進國際宏觀經濟政策協調
- 共同營造有利於發展的國際環境
- 共同培育全球發展新動能

反對

- 保護主義
- "築牆設壘"、"脫鈎斷鏈"
- 單邊制裁、極限施壓

投入，致力於縮小南北差距，堅定支持和幫助廣大發展中國家加快發展。

中國堅定奉行互利共贏的開放戰略，恪守維護世界和平、促進共同發展的外交政策宗旨，堅持和平、發展、合作、共贏，高舉經濟全球化、貿易和投資自由化便利化的旗幟，積極建設更高水平的開放型經濟，在開放合作中謀求自身發展，以自身發展推動建設開放型世界經濟。

中國始終摒棄零和博弈、叢林法則、唯我獨尊、黨同伐異等不合時宜的舊思維，樹立相互尊重、平等協商、合作安全、開放發展、包容互鑒、珍愛地球、同舟共濟、互利共贏的新理念，既通過對外開放實現自身發展，又通過自身發展促進地區和世界共同發展，歡迎各國特別是發展中國家搭乘我國發展的快車，推動各國共同發展。

中國穩步推進區域經濟合作步伐，逐步形成以自由貿易區、優惠貿易安排和貿易投資便利化為載體、涵蓋多個地區的區域經濟合作網絡，推動經濟全球化朝著更加開放、包容、均衡、普惠、平衡、共贏

權威聲音

習近平（中共中央總書記、國家主席、中央軍委主席）：中國發展離不開世界，世界發展也需要中國。經過改革開放 40 多年不懈努力，我們創造了經濟快速發展和社會長期穩定兩大奇蹟。現在，中國經濟韌性強、潛力足、迴旋餘地廣，長期向好的基本面不會改變。中國開放的大門只會越來越大。我們將堅定不移全面深化改革開放，堅定不移推動高質量發展，以自身發展為世界創造更多機遇。

的方向發展。

四、積極參與全球治理

黨的二十大報告指出：中國積極參與全球治理體系改革和建設，踐行共商共建共享的全球治理觀，堅持真正的多邊主義，推進國際關係民主化，推動全球治理朝著更加公正合理的方向發展。堅定維護以聯合國為核心的國際體系、以國際法為基礎的國際秩序、以聯合國憲章宗旨和原則為基礎的國際關係基本準則，反對一切形式的單邊主義，反對搞針對特定國家的陣營化和排他性小圈子。推動世界貿易組織、亞太經合組織等多邊機制更好發揮作用，擴大金磚國家、上海合作組織等合作機制影響力，增強新興市場國家和發展中國家在全球事務中的代表性和發言權。中國堅持積極參與全球安全規則制定，加強國際安全合作，積極參與聯合國維和行動，為維護世界和平和地區穩定發揮建設性作用。

中國秉持共商共建共享的全球治理觀，以勇於擔當的精神積極參與全球治理，堅持國際規則應由各國共同書寫，全球事務應由各國共同治理，發展成果應由各國共同分享。與時俱進推動全球治理體系向更加公正合理有效的方向改革完善，推動全球治理體系更加平衡地反映大多數國家特別是新興市場國家和發展中國家的意願和利益，引領世界格局演變方向，引領人類文明進步走向，維護人類共同利益，守護人類共同家園，為應對層出不窮的全球性挑戰貢獻力量。

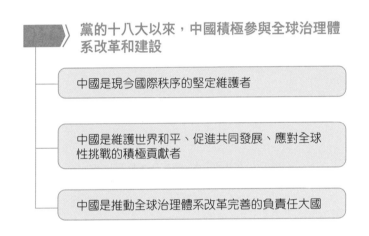

黨的十八大以來，中國積極參與全球治理體系改革和建設

中國是現今國際秩序的堅定維護者

中國是維護世界和平、促進共同發展、應對全球性挑戰的積極貢獻者

中國是推動全球治理體系改革完善的負責任大國

中國堅定維護以聯合國憲章宗旨和原則為核心的國際秩序和國際體系，維護聯合國在全球治理中的核心地位，支持聯合國發揮積極作用，支持發揮國際組織在全球安全治理中的建設性作用，支持上海合作組織、金磚國家、二十國集團等平台機制化建設，支持擴大發展中國家在國際事務中的代表性和發言權。凝聚共識、加強團結、匯聚合力，推動建設和完善區域合作機制，加強國際社會應對全球性挑戰的能力，合作抗擊新冠肺炎疫情，共同應對地區爭端和恐怖主義、氣候變化、網絡安全、生物安全等全球性問題，推動構建更加公正合理的國際治理體系。

中國堅定不移維護多邊貿易體制，積極維護開放型世界經濟體問：黨的十八大以來，我國在積極參與全球治理方面取得了哪些主要成就？

答：《中共中央關於黨的百年奮鬥重大成就和歷史經驗的決議》指出：黨的十八大以來，我國積極參與全球治理體系改革和建設，維護以聯合國為核心的國際體系、以國際法為基礎的國際秩序、以聯合國憲章宗旨和原則為基礎的國際關係基本準則，維護和踐行真正的多邊主義，堅決反對單邊主義、保護主義、霸權主義、強權政治，積極推動經濟全球化朝著更加開放、包容、普惠、平衡、共贏的方向發展。我國建設性參與國際和地區熱點問題政治解決，在氣候變化、減貧、反恐、網絡安全和維護地區安全等領域發揮積極作用。我國開展抗擊新冠肺炎疫情國際合作，發起新中國成立以來最大規模的全球緊急人道主義行動，向眾多國家特別是發展中國家提供物資援助、醫療支持、疫苗援助和合作，展現負責任大國形象。

制，維護世界貿易組織基本原則，維護發展中國家的合法權益。通過雙邊、多邊等方式完善國際經貿規則和制度，推動構建面向全球的高標準自由貿易區網絡，推動《區域全面經濟夥伴關係協定》（RCEP）持續釋放貿易紅利，推動中國、日本、韓國經濟合作，推動亞太自由貿易區建設進程，推動貿易和投資自由化便利化，積極解決全球發展失衡、治理困境、數字鴻溝等問題，推動建設開放型世界經濟。

五、構建人類命運共同體

黨的二十大報告指出：構建人類命運共同體是世界各國人民前途所在。萬物並育而不相害，道並行而不相悖。只有各國行天下之大道，和睦相處、合作共贏，繁榮才能持久，安全才有保障。中國提出了全球發展倡議、全球安全倡議，願同國際社會一道努力落實。中國堅持對話協商，推動建設一個持久和平的世界；堅持共建共享，推動建設一個普遍安全的世界；堅持合作共贏，推動建設一個共同繁榮的世界；堅持交流互鑒，推動建設一個開放包容的世界；堅持綠色低碳，推動建設一個清潔美麗的世界。

構建人類命運共同體理念，反映了中國在世界大變局中的國際治理觀和國際秩序觀，是中國對當代世界和平與發展的重要貢獻，為全球治理體系變革提供了新動力，為促進形成更加公正合理的國際新秩序提供了新遵循。

全人類休戚相關、命運與共的現實，客觀上要求世界各國必須摒棄對抗對立、零和博弈思維，選擇合作共贏道路，共同構建利益共同體、責任共同體，進而形成命運共同體，建設持久和平、普遍安全、共同繁榮、開放包容、清潔美麗的世界。

構建人類命運共同體必須堅持以下 5 項原則。

一是堅持對話協商，就是各國要相互尊重、平等協商，大國要在相互尊重的基礎上管控矛盾分歧，平等對待小國，任何國家都不得對其他國家進行武力威脅或使用武力，不能肆意破壞國際法治。

二是堅持共建共享，就是堅持以對話解決爭端、以協商化解分歧，統籌應對傳統和非傳統安全威脅，反對一切形式的恐怖主義。

三是堅持合作共贏，就是推進開放、包容、普惠、平衡、共贏的

堅持共建共享
堅持對話協商
堅持合作共贏
構建人類命運共同體五項原則
堅持交流互鑒
堅持綠色低碳

經濟全球化，創造全人類共同發展的良好條件，共同推動世界各國發展繁榮，讓發展成果惠及世界各國，讓人人享有富足安康。

四是堅持交流互鑒，就是秉持文明只有姹紫嫣紅之別、但絕無高低優劣之分的理念，文明之間要對話、不要排斥，要交流、不要取代，不同文明取長補短、共同進步，美人之美、美美與共，讓文明交流互鑒成為推動人類社會進步的動力、維護世界和平的紐帶。

五是堅持綠色低碳，就是牢固樹立尊重自然、順應自然、保護自然的意識，倡導綠色、低碳、循環、可持續的生產生活方式，解決好工業文明帶來的矛盾，採取行動應對氣候變化，實現世界的可持續發展和人的全面發展，保護好人類賴以生存的地球家園。

黨的二十大報告強調：我們真誠呼籲，世界各國弘揚和平、發展、公平、正義、民主、自由的全人類共同價值，促進各國人民相知相親，尊重世界文明多樣性，以文明交流超越文明隔閡、文明互鑒超越文明衝突、文明共存超越文明優越，共同應對各種全球性挑戰。我們所處的是一個充滿挑戰的時代，也是一個充滿希望的時代。中國人民願同世界人民攜手開創人類更加美好的未來！

攜手構建人類命運共同體，就要弘揚和平、發展、公平、正義、民主、自由的全人類共同價值，促進各國人民相知相親，尊重世界

權威聲音

　　習近平（中共中央總書記、國家主席、中央軍委主席）：中華民族歷來講求"天下一家"，主張民胞物與、協和萬邦、天下大同，憧憬"大道之行，天下為公"的美好世界。我們認為，世界各國儘管有這樣那樣的分歧矛盾，也免不了產生這樣那樣的磕磕碰碰，但世界各國人民都生活在同一片藍天下、擁有同一個家園，應該是一家人。世界各國人民應該秉持"天下一家"理念，張開懷抱，彼此理解，求同存異，共同為構建人類命運共同體而努力。

文明多樣性，以文明交流超越文明隔閡、文明互鑒超越文明衝突、文明共存超越文明優越，共同應對各種全球性挑戰。全人類共同價值體現了各國人民共同追求的進步理念，凝聚了不同國家、不同民族、不同文明的價值共識，超越了意識形態、社會制度、發展水平的巨大差異，為引領人類文明進步提供了價值遵循，必將對構建人類命運共同體產生日益深遠的影響。

第十五講

堅定不移全面從嚴治黨，深入推進新時代黨的建設新的偉大工程

黨的二十大報告指出：全面建設社會主義現代化國家、全面推進中華民族偉大復興，關鍵在黨。我們黨作為世界上最大的馬克思主義執政黨，要始終贏得人民擁護、鞏固長期執政地位，必須時刻保持解決大黨獨有難題的清醒和堅定。經過十八大以來全面從嚴治黨，我們解決了黨內許多突出問題，但黨面臨的執政考驗、改革開放考驗、市場經濟考驗、外部環境考驗將長期存在，精神懈怠危險、能力不足危險、脫離群眾危險、消極腐敗危險將長期存在。

　　治國必先治黨，治黨務必從嚴。如果管黨不力、治黨不嚴，那我們黨遲早會失去執政資格。勇於自我革命，從嚴管黨治黨，是我們黨區別於其他政黨的顯著標誌和最鮮明的品格。中國共產黨能夠帶領人民進行偉大的社會革命，也能夠進行偉大的自我革命。黨要團結帶領人民進行偉大鬥爭、推進偉大事業、實現偉大夢想，必須毫不動搖堅持和完善黨的領導，毫不動搖地把黨建設得更加堅強有力。

　　黨的二十大報告強調：全黨必須牢記，全面從嚴治黨永遠在路上，黨的自我革命永遠在路上，決不能有鬆勁歇腳、疲勞厭戰的情緒，必須持之以恒推進全面從嚴治黨，深入推進新時代黨的建設新的偉大工程，以黨的自我革命引領社會革命。

　　要牢記打鐵必須自身硬的道理，增強全面從嚴治黨永遠在路上的政治自覺，踐行以人民為中心的發展思想，永遠保持同人民群眾的血肉聯繫，同一切影響黨的先進性、弱化黨的純潔性的問題作堅決鬥爭，實現自我淨化、自我完善、自我革新、自我提高，確保黨不變質、不變色、不變味，確保黨在堅持和發展中國特色社會主義的歷史進程中始終成為堅強領導核心。

　　黨的二十大要求：我們要落實新時代黨的建設總要求，健全全面從嚴治黨體系，全面推進黨的自我淨化、自我完善、自我革新、自我提高，使我們黨堅守初心使命，始終成為中國特色社會主義事業的堅強領導核心。

　　黨的十九大報告首次提出新時代黨的建設總要求，即堅持和加強黨的全面領導，堅持黨要管黨、全面從嚴治黨，以加強黨的長期執政能力建設、先進性和純潔性建設為主線，以黨的政治建設為統領，以堅定理想信念宗旨為根基，以調動全黨積極性、主動性、創造性為著力點，全面推進黨的政治建設、思想建設、組織建設、作風建設、紀律建設，把制度建設貫穿其中，深入推進反腐敗鬥爭，不斷提高黨的建設質量，把黨建設成為始終走在時代前列、人民衷心擁護、勇於自我革命、經得起各種風浪考驗、朝氣蓬勃的馬克思主義執政黨。

一、堅持和加強黨中央集中統一領導

　　黨的二十大報告指出：黨的領導是全面的、系統的、整體的，必須全面、系統、整體加以落實。健全總攬全局、協調各方的黨的領導制度體系，完善黨中央重大決策部署落實機制，確保全黨在政治立場、政治方向、政治原則、政治道路上同黨中央保持高度一致，確保黨的團結統一。完善黨中央決策議事協調機構，加強黨中央對重大工作的集中統一領導。加強黨的政治建設，嚴明政治紀律和政治規矩，落實各級黨委（黨組）主體責任，提高各級黨組織和黨員幹部政治判斷力、政治領悟力、政治執行力。堅持科學執政、民主執政、依法執政，貫徹民主集中制，創新和改進領導方式，提高黨把方向、謀大局、定政策、促改革能力，調動各方面積極性。增強黨內政治生活政

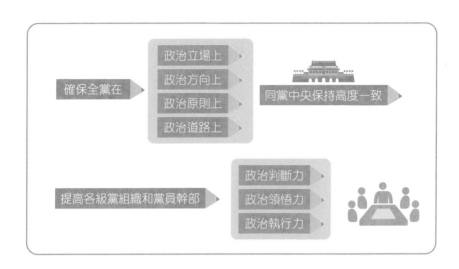

治性、時代性、原則性、戰鬥性，用好批評和自我批評武器，持續淨
化黨內政治生態。

　　堅持黨中央集中統一領導是黨的領導的最高原則，任何時候、任
何情況下都不能含糊、不能動搖。一個政黨、一個國家，領導核心至
關重要。我們這麼大一個黨、一個國家，沒有集中統一，沒有黨中央
堅強領導，沒有強有力的中央權威，是不行的、不可想像的。維護黨
中央權威，決不是一般問題和個人的事，而是方向性、原則性問題，
是黨性、是大局，關係黨、民族、國家的前途命運。全黨必須牢固樹
立政治意識、大局意識、核心意識、看齊意識，堅決維護黨中央權威
和集中統一領導，自覺地在思想上政治上行動上同黨中央保持高度一
致。也就是說，全黨必須在政治立場、政治方向、政治原則、政治道
路上同黨中央保持高度一致。每一個黨的組織、每一名黨員幹部，無
論處在哪個領域、哪個層級、哪個部門和單位，都要服從黨中央集中
統一領導，決不允許背著黨中央另搞一套。黨的各級組織、全體黨員
特別是高級幹部都要向黨中央看齊，向黨的理論和路線方針政策看
齊，向黨中央決策部署看齊，做到黨中央號召的堅決響應、黨中央決

定的堅決執行、黨中央禁止的堅決不做，確保黨中央令行禁止，確保全黨步調一致。

在國家治理體系的大棋局中，黨中央是坐鎮中軍帳的"帥"。必須把堅持黨的領導貫徹落實到改革發展穩定、內政外交國防、治黨治國治軍等各領域各方面各環節，充分發揮好黨總攬全局、協調各方的領導核心作用。加強黨對涉及黨和國家事業發展全局的重大工作的集中統一領導，強化黨的組織在同級組織中的領導地位，更好發揮黨的職能部門作用。要統籌設置黨政機構，黨的有關機構可以同職能相近、聯繫密切的其他部門統籌設置，實行合並設立或合署辦公，整合優化力量和資源，發揮綜合效益。要加快在新型經濟組織和社會組織中建立健全黨的組織機構，做到黨的工作進展到哪裏，黨的組織就覆蓋到哪裏。通過健全黨的全面領導的體制機制，進一步提高黨把方向、謀大局、定政策、促改革的能力和定力。

二、堅持不懈用習近平新時代中國特色社會主義思想凝心鑄魂

黨的二十大報告指出：用黨的創新理論武裝全黨是黨的思想建設的根本任務。全面加強黨的思想建設，堅持用新時代中國特色社會主義思想統一思想、統一意志、統一行動，組織實施黨的創新理論學習教育計劃，建設馬克思主義學習型政黨。加強理想信念教育，引導全黨牢記黨的宗旨，解決好世界觀、人生觀、價值觀這個總開關問題，自覺做共產主義遠大理想和中國特色社會主義共同理想的堅定信仰者和忠實實踐者。堅持學思用貫通、知信行統一，把新時代中國特色社會主義思想轉化為堅定理想、錘煉黨性和指導實踐、推動工作的強大力量。堅持理論武裝同常態化長效化開展黨史學習教育相結合，引導

黨員、幹部不斷學史明理、學史增信、學史崇德、學史力行，傳承紅色基因，賡續紅色血脈。以縣處級以上領導幹部為重點在全黨深入開展主題教育。

思想是組織的靈魂。組織的統一需要思想的統一來引領，思想的統一需要組織的統一來鞏固。把組織建黨和思想建黨緊密結合在一起，是我們黨的一條成功經驗。習近平新時代中國特色社會主義思想凝結著當代中國共產黨人對共產黨執政規律、社會主義建設規律和人類社會發展規律的最新認識，是引領黨和國家各項事業、各項工作的科學指南。貫徹落實新時代黨的組織路線的一項根本任務，就是要組織推動習近平新時代中國特色社會主義思想的全面貫徹，為全黨注入當代中國馬克思主義、21 世紀馬克思主義活的靈魂，真正使各級黨組織、廣大黨員幹部特別是領導幹部掌握先進的理論武器，提高馬克思主義理論水平和實踐水平，共同把黨的創新理論的真理力量轉化為推進新時代中國特色社會主義偉大事業的實踐力量。

全面從嚴治黨，既要注重規範懲戒、嚴明紀律底線，更要發揮理想信念和道德情操引領作用。必須堅持思想從嚴，教育引導黨員、幹部補足精神之鈣，鑄牢思想之魂。黨的十八大以來，習近平總書記多次強調，革命理想高於天。堅定理想信念，堅守共產黨人精神追求，始終是共產黨人安身立命的根本。對馬克思主義的信仰，對社會主義和共產主義的信念，是共產黨人的政治靈魂，是共產黨人經受住任何考驗的精神支柱。理想信念動搖是最危險的動搖，理想信念滑坡是最危險的滑坡。理想信念就是共產黨人精神上的"鈣"，沒有理想信念，理想信念不堅定，精神上就會"缺鈣"，就會得"軟骨病"。檢驗一個幹部理想信念堅定不堅定，主要看幹部是否能在重大政治考驗面前有政治定力，是否能樹立牢固的宗旨意識，是否能對工作極端負責，是否能做到吃苦在前、享受在後，是否能在急難險重任務面前勇挑重擔，是否能經得起權力、金錢、美色的誘惑。在新時代，堅定信仰信念，最重要的就是堅定中國特色社會主義道路自信、理論自信、制度自信、文化自信。要把理想信念教育作為思想建設的戰略任務，教育引導廣大黨員、幹部從黨百年奮鬥中感悟信仰力量，弘揚偉大建黨精神、賡續紅色血脈，牢記初心使命、增強必勝信心，自覺做共產主義遠大理想和中國特色社會主義共同理想的堅定信仰者和忠實實踐者，真正成為百折不撓、終生不悔的共產主義戰士。

三、完善黨的自我革命制度規範體系

黨的二十大報告指出：堅持制度治黨、依規治黨，以黨章為根本，以民主集中制為核心，完善黨內法規制度體系，增強黨內法規權威性和執行力，形成堅持真理、修正錯誤，發現問題、糾正偏差的機制。健全黨統一領導、全面覆蓋、權威高效的監督體系，完善權力監督制約機制，以黨內監督為主導，促進各類監督貫通協調，讓權力在陽光下運行。推進政治監督具體化、精準化、常態化，增強對"一把手"和領導班子監督實效。發揮政治巡視利劍作用，加強巡視整改和成果運用。落實全面從嚴治黨政治責任，用好問責利器。

制度優勢是一個政黨、一個國家的最大優勢。全面從嚴治黨要提升到一個新的水平，必須堅持制度治黨、依規治黨，著力完善全面從嚴治黨制度，確保黨始終總攬全局、協調各方。習近平總書記指出，制度問題更帶有根本性、全局性、穩定性、長期性。加強黨內法規制度建設是全面從嚴治黨的長遠之策、根本之策，要全方位扎牢制度的籠子，更多用制度治黨、治權、治吏。黨章是黨的總章程，是全黨必須共同遵守的根本行為規範，要自覺學習、模範貫徹、嚴格遵守、堅決維護黨章，切實把黨章要求貫徹到黨的工作和黨的建設全過程、各方面。制度不在多，而在於精，在於務實管用，突出針對性和指導性。要注重黨內法規同國家法律的銜接協調，構建以黨章為根本、若干配套黨內法規為支撐的黨內法規制度體系，做到系統完備、科學規範、運行有效。必須健全黨的領導制度體系，深化黨的建設制度改革，健全黨領導各類組織、各項事業的制度，完善全面從嚴治黨制度，確保黨始終總攬全局、協調各方。堅持依規治黨與以德治黨緊密結合，既劃出不可碰觸的底線，又樹立共產黨員的高標準。制度的生命力在於執行。要強化法規制度意識，堅持制度面前人人平等、制度執行沒有特權、制度約束沒有例外，加大貫徹執行力度和監督檢查力度，不留 "暗門"、不開 "天窗"，堅決杜絕在制度執行上做選擇、搞變通、打折扣的現象，堅決維護制度的嚴肅性和權威性，使制度成為硬約束而不是橡皮筋。

黨內監督是黨的建設的重要內容，也是全面從嚴治黨的重要保障。完善黨和國家監督體系，總要求是黨統一領導、全面覆蓋、權威高效，著力點是增強監督嚴肅性、協同性、有效性。要強化對公權力

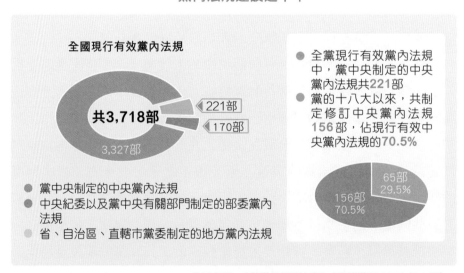

黨內法規建設這十年

全國現行有效黨內法規

共3,718部

221部
170部
3,327部

● 黨中央制定的中央黨內法規
● 中央紀委以及黨中央有關部門制定的部委黨內法規
● 省、自治區、直轄市黨委制定的地方黨內法規

● 全黨現行有效黨內法規中，黨中央制定的中央黨內法規共221部
● 黨的十八大以來，共制定修訂中央黨內法規156部，佔現行有效中央黨內法規的70.5%

65部
29.5%
156部
70.5%

數據來源：《中國紀檢監察報》（數據截至 2022 年 6 月）

的監督制約，盯緊權力運行各環節，抓住政策制定權、審批監管權、執法司法權等關鍵點，合理分解權力、科學配置權力，嚴格職責權限，完善權責清單制度，加快推進機構、職能、權限、程序、責任法定化。在黨和國家各項監督制度中，黨內監督是最根本的、第一位的。要以黨內監督為主導，推動人大監督、民主監督、行政監督、司法監督、審計監督、財會監督、統計監督、群眾監督、輿論監督有機貫通、相互協調。深化政治巡視，堅持發現問題、形成震懾不動搖，建立巡視巡察上下聯動的監督網。強化政治監督，做實日常監督，靠前監督、主動監督，確保黨中央重大決策部署落實到位。抓住"關鍵少數"，破解"一把手"監督難題。要統籌推進黨的紀律檢查體制改革、國家監察體制改革、紀檢監察機構改革，在更高水平上深化轉職能、轉方式、轉作風。

四、建設堪當民族復興重任的高素質幹部隊伍

黨的二十大報告指出：全面建設社會主義現代化國家，必須有一支政治過硬、適應新時代要求、具備領導現代化建設能力的幹部隊伍。堅持黨管幹部原則，堅持德才兼備、以德為先、五湖四海、任人唯賢，把新時代好幹部標準落到實處。樹立選人用人正確導向，選拔忠誠乾淨擔當的高素質專業化幹部，選優配強各級領導班子。堅持把政治標準放在首位，做深做實幹部政治素質考察，突出把好政治關、廉潔關。加強實踐鍛煉、專業訓練，注重在重大鬥爭中磨礪幹部，增強幹部推動高質量發展本領、服務群眾本領、防範化解風險本領。加強幹部鬥爭精神和鬥爭本領養成，著力增強防風險、迎挑戰、抗打壓能力，帶頭擔當作為，做到平常時候看得出來、關鍵時刻站得出來、危難關頭豁得出來。完善幹部考核評價體系，引導幹部樹立和踐行正

確政績觀，推動幹部能上能下、能進能出，形成能者上、優者獎、庸者下、劣者汰的良好局面。抓好後繼有人這個根本大計，健全培養選拔優秀年輕幹部常態化工作機制，把到基層和艱苦地區鍛煉成長作為年輕幹部培養的重要途徑。重視女幹部培養選拔工作，發揮女幹部重要作用。重視培養和用好少數民族幹部，統籌做好黨外幹部工作。做好離退休幹部工作。加強和改進公務員工作，優化機構編制資源配置。堅持嚴管和厚愛相結合，加強對幹部全方位管理和經常性監督，落實"三個區分開來"，激勵幹部敢於擔當、積極作為。關心關愛基層幹部特別是條件艱苦地區幹部。

我們黨把幹部視為事業成敗的決定性因素，把人才視為國家興衰的戰略性資源，確立了黨管幹部、黨管人才原則。新時代黨的組織路線提出堅持德才兼備、以德為先、任人唯賢的方針，就是強調選幹部、用人才，既要重品德，也不能忽視才幹。

黨的幹部是黨和國家事業的中堅力量。黨要管黨，首要是管好幹部；從嚴治黨，關鍵是從嚴治吏。必須堅持加強思想淬煉、政治歷練、實踐鍛煉、專業訓練，抓好執政骨幹隊伍和人才隊伍建設。堅持黨管幹部原則，強化黨組織領導和把關作用，突出政治標準，堅決糾正選人用人的種種偏向，著力培養選拔信念堅定、為民服務、勤政務實、敢於擔當、清正廉潔的好幹部。堅持德才兼備、以德為先、任人唯賢的方針，把從嚴管理幹部貫徹落實到幹部隊伍建設全過程，著力構建素質培養體系、知事識人體系、選拔任用體系、從嚴管理體系、正向激勵體系，建設忠誠乾淨擔當的高素質幹部隊伍。要建設一支忠實貫徹習近平新時代中國特色社會主義思想、符合新時期好幹部標準、忠誠乾淨擔當、數量充足、充滿活力的高素質專業化年輕幹部隊伍，確保黨的事業後繼有人、永續發展。人才是實現民族振興、贏得國際競爭主動的戰略資源。要堅持黨管人才原則，加強對人才的政治引領和政治吸納，深化人才發展體制機制改革，破除人才引進、培養、使用、評價、流動、激勵等方面的體制機制障礙，實行更加積極、更加開放、更加有效的人才政策，形成具有吸引力和國際競爭力的人才制度體系，努力聚天下英才而用之。

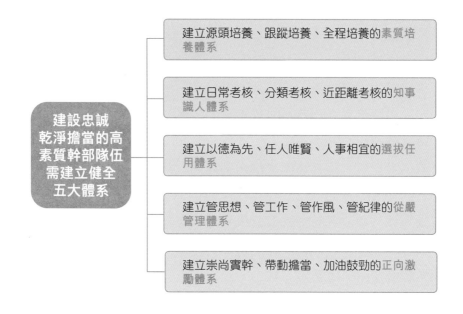

建設忠誠乾淨擔當的高素質幹部隊伍需建立健全五大體系

- 建立源頭培養、跟蹤培養、全程培養的素質培養體系
- 建立日常考核、分類考核、近距離考核的知事識人體系
- 建立以德為先、任人唯賢、人事相宜的選拔任用體系
- 建立管思想、管工作、管作風、管紀律的從嚴管理體系
- 建立崇尚實幹、帶動擔當、加油鼓勁的正向激勵體系

五、增強黨組織政治功能和組織功能

　　黨的二十大報告指出：嚴密的組織體系是黨的優勢所在、力量所在。各級黨組織要履行黨章賦予的各項職責，把黨的路線方針政策和黨中央決策部署貫徹落實好，把各領域廣大群眾組織凝聚好。堅持大抓基層的鮮明導向，抓黨建促鄉村振興，加強城市社區黨建工作，推進以黨建引領基層治理，持續整頓軟弱渙散基層黨組織，把基層黨組織建設成為有效實現黨的領導的堅強戰鬥堡壘。全面提高機關黨建質量，推進事業單位黨建工作。推進國有企業、金融企業在完善公司治理中加強黨的領導，加強混合所有制企業、非公有制企業黨建工作，

理順行業協會、學會、商會黨建工作管理體制。加強新經濟組織、新社會組織、新就業群體黨的建設。注重從青年和產業工人、農民、知識分子中發展黨員，加強和改進黨員特別是流動黨員教育管理。落實黨內民主制度，保障黨員權利，激勵黨員發揮先鋒模範作用。嚴肅穩妥處置不合格黨員，保持黨員隊伍先進性和純潔性。

嚴密的組織體系，是馬克思主義政黨的優勢所在、力量所在。全面從嚴治黨，必須以組織體系建設為重點，形成上下貫通、執行有力的嚴密組織體系。只有黨的各級組織都健全、都過硬，形成上下貫通、執行有力的嚴密組織體系，黨的領導才能順暢高效地落實落地。基層黨組織是貫徹落實黨中央決策部署的"最後一公里"，不能出現"斷頭路"。必須繼續樹立大抓基層的鮮明導向，持續整頓軟弱渙散基層黨組織，有效實現黨的組織和黨的工作全覆蓋，抓緊補齊基層黨組織領導基層治理的各種短板，把各領域基層黨組織建設成為實現黨的領導的堅強戰鬥堡壘。

全面從嚴治黨是各級黨組織的職責所在，黨要管黨首先是黨委要管、黨委書記要管。新形勢下推進黨的建設新的偉大工程，必須推動黨建責任層層落實落地，把黨建工作抓實、抓細、抓到位。習近平總書記指出，不明確責任，不落實責任，不追究責任，從嚴治黨是做不到的。必須增強管黨治黨意識、落實管黨治黨責任，把抓好黨建作為最大的政績。各級黨委（黨組）要擔當和落實好全面從嚴治黨的主體責任，黨委書記要履行好第一責任人職責，領導班子成員要履行"一崗雙責"，層層傳導壓力；各級紀委要履行好監督責任，更好發揮黨內監督專門機關作用。堅持黨建工作和中心工作一起謀劃、一起部署、一起考核，把每個領域、每個環節的黨建工作抓具體、抓深入，堅決防止"一手硬、一手軟"。要堅持真管真嚴、敢管敢嚴、長管長嚴，強化監督問責，把監督檢查、目標考核、責任追究有機結合起來，實現問責內容、對象、事項、主體、程序、方式的制度化、程序

嚴密黨的組織體系

截至2021年底，全國

9,034個
城市街道

29,649個
鄉鎮

114,065個
社區（居委會）

491,129個
行政村

已建立黨組織

覆蓋率
均超過
99.9%

截至2021年底，全國共有

事業單位基層
黨組織
94.9萬個

社會組織基層
黨組織
17.1萬個

機關基層
黨組織
74.5萬個

企業基層
黨組織
153.2萬個

機關、事業單位、企
業和社會組織黨組織
基本實現應建盡建

數據來源：《中國共產黨黨內統計公報》（2021年）

化，推動管黨治黨不斷從"寬鬆軟"走向"嚴實硬"，使全面從嚴治黨成為常態。

習近平總書記指出，黨的力量來自組織。我們黨是按照馬克思主義建黨原則建立起來的，形成了包括黨的中央組織、地方組織、基層組織在內的嚴密組織體系，這是世界上任何其他政黨都不具有的強大優勢。黨中央是大腦和中樞，黨中央必須有定於一尊、一錘定音的權威；中央和國家機關是貫徹落實黨中央決策部署的"最初一公里"，要把中央和國家機關建設成為講政治、守紀律、負責任、有效率的模範機關；黨的地方組織是“中間段”，根本任務是確保黨中央決策部署貫徹落實，有令即行、有禁即止，把地方黨委建設成為堅決聽從黨中央指揮、管理嚴格、監督有力、班子團結、風氣純正的堅強組織；黨組在黨的組織體系中具有特殊地位，要貫徹落實黨中央和上級黨組織決策部署，發揮好把方向、管大局、保落實的重要作用；基層黨組織是“最後一公里”，是黨執政大廈的地基，要堅持大抓基層的鮮明導向，有效實現黨的組織和黨的工作全覆蓋，強化政治功能和組織功能，把各領域基層黨組織建設成為實現黨的領導的堅強戰鬥堡壘，推動基層黨組織全面進步、全面過硬。黨員是肌體“細胞”。馬克思主義政黨的力量和作用，既取決於黨員數量，更取決於黨員質量，要嚴把發展黨員入口關，把政治標準放在首位，嚴格黨員教育管理監督，使廣大黨員在全面建設社會主義現代化國家、全面推進中華民族偉大復興中充分發揮先鋒模範作用。

六、堅持以嚴的基調強化正風肅紀

　　黨的二十大報告指出：黨風問題關係執政黨的生死存亡。弘揚黨的光榮傳統和優良作風，促進黨員幹部特別是領導幹部帶頭深入調查研究，撲下身子幹實事、謀實招、求實效。鍥而不捨落實中央八項規定精神，抓住“關鍵少數”以上率下，持續深化糾治“四風”，重點糾治形式主義、官僚主義，堅決破除特權思想和特權行為。把握作風建設地區性、行業性、階段性特點，抓住普遍發生、反覆出現的問題深化整治，推進作風建設常態化長效化。全面加強黨的紀律建設，督促領導幹部特別是高級幹部嚴於律己、嚴負其責、嚴管所轄，對違反黨紀的問題，發現一起堅決查處一起。堅持黨性黨風黨紀一起抓，從思想上固本培元，提高黨性覺悟，增強拒腐防變能力，涵養富貴不能

黨的十八大以來，黨中央始終堅持以嚴的基調強化正風肅紀

 黨中央率先垂範

黨的十八大以來

共查處違反中央八項規定精神問題的中管幹部 **265人**

 集中整治形式主義和官僚主義問題

黨的十九大以來

全國紀檢監察機關共查處形式主義、官僚主義問題 **28.2萬**多件

紀"四風"樹新風並舉

健全常態化長效化的工作機制，引導社會風氣向上向善。中央八項規定已經成為新時代共產黨人的"金色名片"

 踏石留印、抓鐵有痕

截至2022年9月

中央紀委國家監委連續 **108個月**，每個月都通報查處違反中央八項規定精神情況，對典型案例指名道姓通報曝光

堅持為了群眾、依靠群眾

黨的十九大以來

共查處貪污侵佔、優親厚友、雁過拔毛等問題 **34.7萬**多件。同時，拓寬群眾監督渠道，織密群眾監督網

數據來源：二十大新聞中心第二場記者招待會

淫、貧賤不能移、威武不能屈的浩然正氣。

　　黨的作風是黨的形象。全面從嚴治黨，必須堅持作風從嚴、執紀從嚴，樹立和發揚黨的優良作風，以嚴明的紀律管全黨治全黨。作風建設是攻堅戰，更是持久戰，永遠在路上，沒有休止符，必須聚焦群眾反映強烈的突出問題，以抓鐵有痕、踏石留印的勁頭，堅持抓常抓細抓長，整治"四風"問題，力戒形式主義、官僚主義，保持定力、寸步不讓，久久為功、見底見效。堅持以上率下，鞏固拓展落實中央

八項規定精神成果，大力弘揚黨的優良傳統和作風，確保黨始終同人民同呼吸、共命運、心連心，以黨風政風好轉帶動民風社風轉變。踐行"三嚴三實"，堅決反對特權思想和特權現象，完善作風建設長效機制。黨要管黨、從嚴治黨，靠什麼管，憑什麼治？就要靠嚴明紀律。加強紀律建設是全面從嚴治黨的治本之策，要把紀律規矩挺在前面，堅持紀嚴於法、紀在法前，用嚴明的紀律管全黨治全黨。堅持懲前毖後、治病救人，強化監督執紀問責，正確運用監督執紀"四種形態"，抓早抓小、防微杜漸。加強紀律教育，強化紀律執行，讓黨員、幹部知敬畏、存戒懼、守底線，習慣在受監督和約束的環境中工作生活。

七、堅決打贏反腐敗鬥爭攻堅戰持久戰

　　黨的二十大報告指出：腐敗是危害黨的生命力和戰鬥力的最大毒瘤，反腐敗是最徹底的自我革命。只要存在腐敗問題產生的土壤和條件，反腐敗鬥爭就一刻不能停，必須永遠吹衝鋒號。堅持不敢腐、不能腐、不想腐一體推進，同時發力、同向發力、綜合發力。以零容忍態度反腐懲惡，更加有力遏制增量，更加有效清除存量，堅決查處政治問題和經濟問題交織的腐敗，堅決防止領導幹部成為利益集團和權勢團體的代言人、代理人，堅決治理政商勾連破壞政治生態和經濟發展環境問題，決不姑息。深化整治權力集中、資金密集、資源富集領域的腐敗，堅決懲治群眾身邊的"蠅貪"，嚴肅查處領導幹部配偶、子女及其配偶等親屬和身邊工作人員利用影響力謀私貪腐問題，堅持受賄行賄一起查，懲治新型腐敗和隱性腐敗。深化反腐敗國際合作，一體構建追逃防逃追贓機制。深化標本兼治，推進反腐敗國家立法，加強新時代廉潔文化建設，教育引導廣大黨員、幹部增強不想腐的自

黨的十八大以來，"打虎"、"拍蠅"、"獵狐" 多管齊下，反腐敗鬥爭取得壓倒性勝利並全面鞏固

"打虎" 無禁區

截至2022年10月

立案審查調查553名中管幹部

"拍蠅" 不手軟

截至2022年10月

全國紀檢監察機關總共查處涉及教育醫療、養老社保、執法司法等民生領域的腐敗和作風問題65萬多件，一大批群眾身邊的 "蠅貪"、"蛀蟲" 被查處

"獵狐" 不止步

黨的十九大以來
截至2022年9月

"天網行動" 共追回外逃人員6,900人

其中，黨員和國家工作人員1,962人

追回贓款327.86億元

"百名紅通人員" 已有61人歸案

調查結果顯示，2022年

97.4%的群眾認為全面從嚴治黨卓有成效，這個數字比2012年提高了22.4%

99%的群眾認為，黨中央正風肅紀反腐的舉措，體現了我們黨徹底的自我革命精神

數據來源：中央紀委國家監委、央視新聞客戶端、《人民日報》

覺，清清白白做人、乾乾淨淨做事，使嚴厲懲治、規範權力、教育引導緊密結合、協調聯動，不斷取得更多制度性成果和更大治理效能。

堅決打贏反腐敗鬥爭攻堅戰持久戰充分展示了我們黨堅定不移懲治腐敗的堅強決心，宣示了我們黨永葆先進性和純潔性、永葆生機活力的不懈追求。

習近平總書記指出，反對腐敗、建設廉潔政治，保持黨的肌體健康，始終是我們黨一貫堅持的鮮明政治立場。腐敗是我們黨面臨的最

大威脅，如果任憑腐敗問題愈演愈烈，最終必然亡黨亡國。黨風廉政建設和反腐敗鬥爭是一場輸不起的鬥爭，必須將 "嚴" 的主基調長期堅持下去。一體推進不敢腐、不能腐、不想腐，不僅是反腐敗鬥爭的基本方針，也是新時代全面從嚴治黨的重要方略。要鞏固發展反腐敗鬥爭壓倒性勝利。堅持 "老虎"、"蒼蠅" 一起打，堅持無禁區、全覆蓋、零容忍，堅持重遏制、強高壓、長震懾，堅持黨紀國法面前沒有例外，既堅決查處大案要案，又著力解決發生在群眾身邊的腐敗問題，有腐必反、有貪必肅，持續保持高壓態勢，讓腐敗分子在黨內沒有任何藏身之地，強化不敢腐的震懾。深化標本兼治，加強重點領域監督機制改革和制度建設，扎牢不能腐的籠子，形成靠制度管權、管事、管人的長效機制。加強反腐敗教育和廉政文化建設，引導黨員、幹部堅定理想信念，強化宗旨意識，保持共產黨人的高尚品格和廉潔操守，牢固樹立正確的權力觀，增強不想腐的自覺。

結束語

黨的二十大報告指出：時代呼喚著我們，人民期待著我們，唯有矢志不渝、篤行不怠，方能不負時代、不負人民。全黨必須牢記，堅持黨的全面領導是堅持和發展中國特色社會主義的必由之路，中國特色社會主義是實現中華民族偉大復興的必由之路，團結奮鬥是中國人民創造歷史偉業的必由之路，貫徹新發展理念是新時代我國發展壯大的必由之路，全面從嚴治黨是黨永葆生機活力、走好新的趕考之路的必由之路。這是我們在長期實踐中得出的至關緊要的規律性認識，必須倍加珍惜、始終堅持，咬定青山不放鬆，引領和保障中國特色社會主義巍巍巨輪乘風破浪、行穩致遠。

　　"五個必由之路"是我們黨最新總結概括的重要規律性認識，對黨和國家事業在新時代加快發展具有重要的指導意義。

　　黨的二十大報告強調：團結就是力量，團結才能勝利。全面建設社會主義現代化國家，必須充分發揮億萬人民的創造偉力。全黨要堅持全心全意為人民服務的根本宗旨，樹牢群眾觀點，貫徹群眾路線，尊重人民首創精神，堅持一切為了人民、一切依靠人民，從群眾中來、到群眾中去，始終保持同人民群眾的血肉聯繫，始終接受人民批評和監督，始終同人民同呼吸、共命運、心連心，不斷鞏固全國各族人民大團結，加強海內外中華兒女大團結，形成同心共圓中國夢的強大合力。

　　能團結奮鬥的民族才有前途，能團結奮鬥的政黨才能立於不敗之地。團結奮鬥是黨領導人民創造歷史偉業的必由之路。歷史告訴我們，團結是中國人民和中華民族戰勝前進道路上一切風險挑戰、不斷從勝利走向新的勝利的重要保證。我們靠團結奮鬥創造了輝煌歷史，還要靠團結奮鬥開闢美好未來。當此船到中流、人到半山之時，正需要海內外全體中華兒女心往一處想、勁往一處使，擰成一股繩、鉚足一股勁，最大限度凝聚起共同奮鬥的力量。前進道路上，只要我們團結一切可以團結的力量，調動一切可以調動的積極因素，只要 9,600 多萬中國共產黨人始終與人民心連心，就一定能依靠頑強鬥爭打開事業發展新天地。

黨的二十大報告指出：青年強，則國家強。當代中國青年生逢其時，施展才幹的舞台無比廣闊，實現夢想的前景無比光明。全黨要把青年工作作為戰略性工作來抓，用黨的科學理論武裝青年，用黨的初心使命感召青年，做青年朋友的知心人、青年工作的熱心人、青年群眾的引路人。廣大青年要堅定不移聽黨話、跟黨走，懷抱夢想又腳踏實地，敢想敢為又善作善成，立志做有理想、敢擔當、能吃苦、肯奮鬥的新時代好青年，讓青春在全面建設社會主義現代化國家的火熱實踐中綻放絢麗之花。

全黨要從政治上著眼、從思想上入手，把青年團結起來、組織起來、動員起來，教育引導廣大青年用敏銳的眼光觀察社會，用清醒的頭腦思考人生，用智慧的力量創造未來，幫助他們早立志、立大志，從內心深處厚植對馬克思主義的信仰、對中國共產黨的信賴、對中國特色社會主義的信心，追求遠大理想，牢記初心使命，深植家國情懷，自覺擔當重任，與國家同呼吸、與人民共命運，始終保持蓬勃生機，勇做走在時代前列的奮進者、開拓者、奉獻者。

黨的二十大報告最後強調：黨用偉大奮鬥創造了百年偉業，也一定能用新的偉大奮鬥創造新的偉業。全黨全軍全國各族人民要緊密團結在黨中央周圍，牢記空談誤國、實幹興邦，堅定信心、同心同德，埋頭苦幹、奮勇前進，為全面建設社會主義現代化國家、全面推進中華民族偉大復興而團結奮鬥！